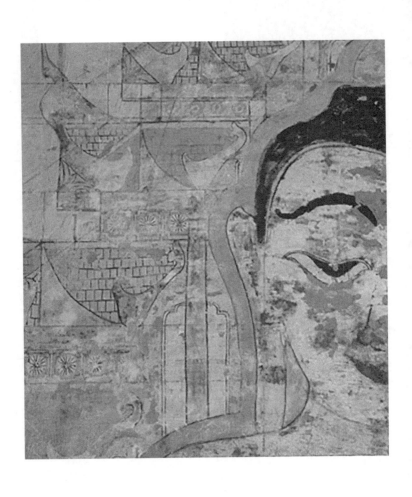

Alexis Racionero Ragué

Darshan

Sabiduría oriental
para la vida cotidiana

Viajes por Asia

editorial airós

© 2017 by Alexis Racionero Ragué

© 2017 by Editorial Kairós, S.A.
Numancia 117-121, 08029 Barcelona, España
www.editorialkairos.com

Fotocomposición: Moelmo, S.C.P. Girona, 53. 08009 Barcelona
Revisión: Alicia Conde Abelló
Diseño cubierta: Katrien Van Steen
Imagen cubierta: Saravut Whanset
Impresión y encuadernación: Ulzama digital

Primera edición: Septiembre 2017
Cuarta edición: Diciembre 2021
ISBN: 978-84-9988-569-8
Depósito legal: B 6.915-201

Este libro ha sido impreso con papel que proviene de fuentes
respetuosas con la sociedad y el medio ambiente y cuenta con los
requisitos necesarios para ser considerado un «libro amigo de los bosques».

«Los meses y los días son viajeros de la eternidad.
El año que se va y el que viene también son viajeros.
Para aquellos que dejan flotar sus vidas a bordo
de los barcos o envejecen conduciendo caballos,
todos los días son viaje y su casa misma es viaje.»

BASHO. *Sendas de Oku*

A todos mis compañeros de viaje
y a mi padre por iniciarme en la senda de Oriente.

Sumario

Introducción

Este libro parte de la voluntad de compartir las lecciones de vida aprendidas a lo largo de mis viajes por Asia. Ha pasado más de un siglo desde que se empezaron a tender puentes entre Oriente y Occidente, cuando la expansión de los imperios coloniales llevó a los primeros aventureros, cartógrafos e intelectuales occidentales a beber de las fuentes de la milenaria cultura oriental.

Entre ellos, destacan Max Müller, Alexandra David Néel, Richard F. Burton, Francis Younghusband, William Moorcroft o Heinrich Harrer, aunque la nómina es muy extensa. Desde Asia, sabios como Swami Vivekananda, Jiddu Krishnamurti o D.T. Suzuki importaron las filosofías orientales a Occidente, calando especialmente en la generación *hippie*, de la que mis padres formaron parte, para más tarde incorporarse a aquello que se llamó la New Age y evolucionar hasta nuestros días.

Hoy, el mundo capitalista occidental parece sumido en un colapso no solo financiero sino mental, inmerso en una neurosis global de la que muchos tratamos de escapar mediante terapias, prácticas, cursos o sanaciones que derivan de la antigua sabiduría oriental. Yoga, taichí, *reiki*, *vipassana* están a la orden del día para compensar y equilibrar las necesidades latentes no satisfechas de muchas de las personas que vivimos en el supuesto Primer Mundo, avanzado, rico, capitalista, democrático y del bienestar.

No querría hacer una larga lista del hundimiento moral, intelectual y psicológico de la sociedad ultracapitalista occidental tan triunfante en sus estrategias globales y mercantilistas. La neurosis en la que vive el mundo occidental parece bastante incuestionable, así como la necesidad de ayuda psicológica, corporal y espiritual que padecen muchas personas. Me considero una de ellas. Hace una década empecé a practicar yoga, porque necesitaba liberar mi mente de la carga de impartir clases año tras año a grupos de cien alumnos, y para paliar la ansiedad que tenía debido a pérdidas y cargas familiares. Hoy el yoga forma parte de mi vida, ya que es una práctica que me recuerda que somos mente, cuerpo y espíritu, personas con un sistema cognitivo, corporal y emotivo, tal como enseña la psicología Gestalt, en la que me he formado. Además, imparto clases de *Kundalini yoga* para transmitir aquello que me ha ido tan bien para encontrar el equilibrio personal.

Una de las enseñanzas de toda formación espiritual es que hay que compartir y dar incondicionalmente desde el corazón. *Sat Chit Ananda. Sat* es la palabra sánscrita para designar la verdad, la verdadera identidad. *Chit* es la conciencia. *Ananda* es el gozo, la felicidad. Nuestra verdadera identidad y conciencia son el estado de gozo y felicidad, un estado de ánimo que se produce cuando actuamos desde el corazón, con la pureza primigenia con la que nacimos.

Los habitantes del Primer Mundo industrializado, tecnológico y avanzado podemos tener coches, casas, segundas residencias, familias, trabajos, tabletas y todo tipo de bienes materiales, pero estamos perdidos en cuanto a nuestras formas de vida.

Tendemos a sentir un vacío existencial o vivimos la ceguera de la sumisión no pensante, que inocula dosis de falsa felicidad y realización.

Un buen día, sentimos que algo no encaja y entramos en el desconcierto, la depresión o cualquier adicción, supuestamente paliativa. Ese día, la máscara que hemos construido se resquebraja y nuestra esencia verdadera reclama atención. La llama de nuestro corazón se manifiesta pidiendo atención.

La vida te lleva hasta ahí, porque sientes que te hace falta algo más, o, a través de situaciones trágicas y pérdidas que son las pruebas que necesitamos para despertar y salir del letargo.

A todos los que están en este proceso es a quienes dedico este libro, a quienes son viajeros de la conciencia y toman las riendas de su vida, para construir un mundo mejor. Nuestra sociedad occidental tiene muchas cosas buenas, pero nos ahoga en su opulencia.

Mi intención no es ir contra las cosas, sino en busca de puentes, ideas, prácticas y soluciones que puedan complementar y enriquecer lo que somos.

En este punto, surgen la sabiduría de Asia y las filosofías orientales como recurso idóneo, como fuente de la que beber y obtener herramientas, métodos y leyes para aplicar en nuestra vida cotidiana.

Idealmente, este debería ser un camino de ida y vuelta, en el que, al igual que utilizamos las lecciones aprendidas en Asia, sería justo plantear qué podemos aportar nosotros a las sociedades asiáticas.

En las páginas siguientes me limitaré a proponer lo que podemos extraer de la sabiduría oriental, pero animo a todo viajero a tomar conciencia del compromiso de devolver lo aprendido de alguna forma. El compartir es una de las grandes lecciones a tener en cuenta.

No querría ocultar mi fascinación por Oriente y todo lo que me ha enseñado, y asumo que el lector podría obtener otras lecciones igualmente válidas de otras sociedades no occidentales, como la africana o aquellos lugares de la Tierra donde todavía no se vive bajo el pensamiento único capitalista y su *american way of life*.

Probablemente, cualquier sociedad primitiva y rural representa una oportunidad de aprendizaje, pues ellas han sabido mantener aquello que nosotros perdimos, como el vivir con los ciclos de la naturaleza y conservar el sentido de comunidad.

Mi experiencia tiene que ver con Asia y de ahí el enfoque de este libro.

Desde la infancia, mis héroes cinematográficos fueron personajes como Yoda y Obi-Wan Kenobi de *La guerra de las galaxias*. Ellos plantaron la primera semilla de la sabiduría oriental con el concepto de la fuerza, eso que en Asia llaman *chi* o *prana*, presentando un mundo, en el que todo está interconectado mediante sincronicidades.

El héroe Luke debía combatir al reverso tenebroso, renunciando a la ambición, al apego y a toda forma de poder, en una moderna parábola cinematográfica de la historia del Buda. Así, de niño, comprendí que los *jedis* con sus espadas láser eran encarnaciones de los antiguos samuráis, por lo que no tardé demasiado en llegar al maestro Kurosawa y sus lecciones inolvidables, aprendidas en los *Siete Samuráis* o en el sabio taoísta *Dersu Uzala*.

Bonitos tiempos aquellos de juventud en los que Asia se dibujaba como un paraíso bastante idealizado, al tiempo que iba descubriendo los desperfectos de mi supuesto feliz mundo occidental.

Ya de adolescente, las lecturas me siguieron transportando a Asia y sus enseñanzas. Descubrí que mi padre había escrito sobre textos taoístas y sobre Oriente y Occidente. De ahí pasé a *Siddharta* de Hesse, los libros de Huxley, Alan Watts y Krishnamurti, sin olvidar que Suzuki no era solo una marca de moto. No comprendía todo lo que leía, pero me empapé de unas ideas y conceptos que fueron filtrando, dejando un poso. Aquellas lecturas suponían viajes desde mi estudio, tumbado en el sofá, imaginando gestas de samuráis, lecciones zen, reencarnaciones y karmas de vidas pasadas que, poco a poco, iban abriendo las puertas de mi percepción.

Pasaron los años y llegaron los primeros reveses importantes de mi vida. Murió el abuelo que me había criado, mi padre vendió la casa en la que habíamos echado raíces y a mi pareja le diagnosticaron una enfermedad. Me tocó cuidar de mi abuela con alzhéimer, apoyar a mi pareja y sostener un entorno familiar inmerso en un juego de tronos. Llegaron más muertes y mi vida entró en un agujero negro, mientras mi red de seguridad se desvanecía.

Mi mente racional, que todo lo quería controlar, estalló en un ataque de ansiedad y paranoia, cuando viajaba rodando un documental por el valle de Parvati.

Apenas fueron tres días de enloquecimiento y distorsión, pero me bastaron para comprender que algo tenía que hacer con mi vida. Desde entonces, sentí la necesidad de viajar para tomar distancia y aprender otras alternativas a aquello que me habían vendido como el paraíso occidental.

No se trataba de huir o de escapar como Gauguin a una isla remota de Indonesia, pero sí de conocer otras culturas y tomar distancia para asimilar los acontecimientos de mi vida.

Después de haber trabajado muchos años como profesor, impartiendo clases sobre mitos y arquetipos en la historia del cine, conocí *El viaje del héroe* de Joseph Campbell. Aunque yo no era héroe, me era fácil reconocer mi situación, como uno más de los que observan desperfectos en su mundo cotidiano y parten a lo desconocido para confrontarse a sí mismos y conocer a su sombra. Hasta que, finalmente, hallan alguna forma de revelación que les ofrece nuevas pautas en la vida. Lo que los hinduistas llaman *dharma* y que consiste en conectar con tu propósito vital, con aquello que has venido a cumplir en esta vida.

Dudo que haya tenido esa iluminación que marca mi *dharma,* pero gracias a múltiples viajes por Asia, siento que la senda de mi vida tiene otra dirección, unos recursos, prácticas y puntos de vista que me ayudan a transitar por la cotidianeidad.

Todo lo aprendido es lo que quiero compartir en este libro.

A partir de mi primer viaje a la India en el año 2004, en la última década he recorrido Myanmar, Nepal, Tíbet, Japón, el norte de China y todo el sudeste asiático, acotando mis viajes a países y territorios vinculados principalmente al hinduismo y el budismo.

El talante religioso de los lugares visitados ha sido un aspecto importante en mi selección, porque de un modo casi inconsciente me vi atraído por sus formas de espiritualidad. Pese a estar bautizado y a que en mi infancia iba a misa los domingos con mis abuelos, rápidamente mutilé toda forma de religiosidad en mi vida. Al llegar a la India y visitar otros países asiáticos, me reencontré con una espiritualidad más profana, cotidiana y próxima que, a su vez, resultaba exótica y casi mítica.

Desde entonces, me ha fascinado el ritual cotidiano de las gentes que se aproximan al templo a ofrecer flores, comida y sus oraciones de una forma tan natural como quien sale a tomar un café. Lo he visto en pueblos tan distintos como el japonés, el hindú y el tailandés, tanto en niños como en adultos, en trabajadores que van de paso o enamorados que pasan tardes enteras entre besos.

Todos lo viven como un gesto cotidiano y natural, no como un credo u obligación. Sus dioses pueden ser Budas o Ganeshas sonrientes, Shivas danzantes o también feroces monstruos como la terrible Kali.

La arquitectura y sus coloristas interiores llenos de tallas de madera o bellas ruinas en piedra han contribuido a fomentar mi interés por los múltiples templos asiáticos que he visitado como fotógrafo, observador y devoto novel, que trata de seguir los rituales establecidos. Como tantos otros viajeros, he acabado con un punto de *henna* roja en el entrecejo o una bola de arroz pegajoso en la boca, o metido en las profundidades de una cueva.

Además de los templos y las formas religiosas, los paisajes naturales de Asia han sido otro referente de mis viajes, con especial atención a la inmensidad del sistema de los Himalayas y la fuerza de grandes ríos como el Ganges y el Mekong. El reino de las nubes y los cielos me resulta tan fascinante como el mundo de las aguas, con su verdor sobre los campos de arroz.

Asia te transporta a imágenes no conocidas o de otros tiempos, como la infinita meseta tibetana, la inmensidad de los Himalayas o los campos de arroz sembrados por bueyes.

Viajar por Asia es entrar en el bullicio, en ciudades que son como un perenne mercado ambulante. Delhi, Bangkok, Tokio o Yangon son también espacios de contrastes capaces de albergar modernidad y tradición, miseria y pobreza, vida y muerte...

Sin duda, la energía es uno de los conceptos clave del continente asiático.

Allí, la tierra parece palpitar con las muchedumbres que hoy la recorren, y también con el recuerdo de quienes la pisaron a lo largo de su historia ancestral. Recuerdo caminar en soledad, sintiendo los pasos de quienes estuvieron allí antes, como si pudiera ver su huella invisible sobre la tierra.

En Japón, me he sentido como una hormiga en la famosa encrucijada de calles de Shibuya, y en Myanmar, como un mono subiendo al templo sagrado arriba del monte Popa.

La energía está presente en la tierra, en las gentes y animales que te rodean, en las lluvias constantes, en los huracanes que se avecinan o en el bramido de las aguas del río que bajan torrenciales.

Asia posee lugares muy contaminados, sucios e insalubres, pero te acabas acostumbrando al exceso de humanidad, sensaciones y energía que te rodean. Tañen las campanas, resuenan los mantras, se escuchan las plegarias y los niños gritan en la calle, mientras los coches llenan de ruido las ciudades.

No hay viaje sin gente, ni tampoco aprendizaje alguno. Ahí está la vida, la más rica contemplación y la mejor forma de comunicación. Hay algo común en los asiáticos, que tiene que ver con una elegancia y un temple, que está por encima de su deseo de venderte algo. Miradas penetrantes, voces latentes, a veces calladas, en ocasiones estridentes, pero siempre presentes. Flexibilidad en el cuerpo, posturas reclinadas que no precisan de una silla para descansar. Cuerpos escuálidos, fibrosos y curtidos por el sol. Sonrisas de niños, expresiones de vitalidad y trascendencia espiritual, conviviendo en una armonía que puede resultar insoportable o maravillosa para el turista occidental.

Con Asia, a muchos nos pasa como con el picante: primero lo pruebas y lo rechazas. Luego pides un poco más y, al final, quieres ese fuego en tu boca permanentemente. Te enganchas a su intensidad y, como un adicto, ya no la dejas. Curris, pimientas, cilantros, jengibres y chiles sobre un universo de especias asiáticas, que también hablan de su historia milenaria. Te sientes desbordado, pero no pasa nada, se trata de integrar, masticando poco a poco.

Tal vez por eso he vuelto repetidas veces, para visitar cada país asiático, en una segunda o tercera ocasión. Viajar es descubrir y aprender, masticando despacio, así, poco a poco, trasciendes el acto turista de ver cosas y capturarlas. De esta forma, el viaje sirve para ampliar tu conciencia, para conocer al otro y, finalmente, para conocerte mejor a ti mismo.

Si se está en un momento vital difícil o de estancamiento, no hay nada como viajar para tomar perspectiva, encontrarse con uno mismo, mirar hacia adentro y, desde ahí, poder abrazar las situaciones y la vida, sintiendo que estás alineándote con tu *dharma* o propósito vital, con tu verdadera esencia y naturaleza.

Por eso, invito a los lectores a contemplar su vida desde la *darshan* o mirada de Oriente, que va al interior para conectar con lo sagrado, trascendente y espiritual. No como algo mágico, místico y reservado a unos pocos iluminados, sino como algo accesible para todos nosotros, porque está en nuestra naturaleza.

El término *darshan,* que procede del hinduismo, se refiere a visión, en el sentido de aparición, no tanto como revelación o milagro, sino como el acto de ver lo divino dentro de sí mismo. *Darshan* es estar en presencia de lo divino, conectar con el Todo, con el Uno del que formamos parte, una mirada que te conecta con tu esencia y con tu ser verdadero. En la *darshan* conectas con el corazón y el poder curativo del cuarto *chakra*, con el deseo de compartir y dar a los demás.

En las siguientes páginas vamos a viajar a las ideas, formas y costumbres de una cultura milenaria, que puede ofrecer las herramientas que uno busca para alcanzar su giro personal, para salir de esa ya famosa zona de confort en la que todos estamos metidos. Este libro es una invitación a vivir la vida cotidiana desde otra perspectiva, más próxima a la persona que uno es, simplemente introduciendo ciertas prácticas, ideas y nociones que hacen de los asiáticos una de las civilizaciones más avanzadas no solo en lo económico, sino sobre todo en lo humano.

Cuando uno conecta con la persona que es, todo es más sencillo, más fácil. Las cosas aparecen cuando se necesitan, las decisiones fluyen sin dificultad y las barreras desaparecen. No se trata de un descubrimiento inmediato e instantáneo. Esto no es la píldora de la felicidad, sino un proceso en el que día a día uno va aprendiendo a comportarse de otra forma.

Aquellos que buscan lo inmediato, que se olviden de obtener la recompensa, porque se necesita toda una vida para conocerse y es un trabajo diario.

Aquí y ahora: simplemente lo que propongo es elegir otra mirada, basada en lo que he aprendido viajando por el continente asiático. Despertar del estancamiento de nuestras vidas cotidianas, en las que adoptamos un rol de víctima, con máscaras que apenas reconocemos o que ni siquiera somos conscientes de llevar.

Darshan es la mirada para llevarte al interior de la persona que tú eres, la que abre tu vida a otros caminos, más allá del orden cotidiano, en el que te has mantenido hasta ahora. Mi propósito es compartir lo que viví viajando, destilando en diez *sutras* cotidianos la sabiduría de Oriente y parte de la riqueza del continente asiático.

Obviamente, la riqueza de esa cultura milenaria no puede encapsularse en tan solo diez conceptos, por lo que el lector debe tomarlo como un punto de partida, casi como una invitación a adentrarse, por sí mismo y de forma vivencial, en las fuentes de Asia, aprovechando que hoy el mundo va rompiendo sus fronteras y acercando sus límites.

No es preciso ser un *robinsoniano* escapista que huye a la Polinesia, sino simplemente encontrar pautas y prácticas que puedan dar equilibrio a nuestra vida cotidiana, tan neurotizada por el poder de la mente y con una identidad basada en el ser laboral.

Las páginas que siguen a continuación son tan solo un punto de partida para desprenderse de ciertos hábitos y tendencias. Es decir, para alinearse mejor con la persona integral que llevamos dentro. La recompensa no es un tesoro material, no tiene nada que ver con ganar más dinero o tener más proyección social, sino con una mayor sensación de bienestar o equilibrio. Algo difícil de medir y tan inaprensible que a veces tan solo se mide por la calidez de una mirada, la relajación de un rostro o por el candor de una llama que brota en el corazón.

Como me dijo un maestro hindú en Rishikesh, lo aprendido no es de nadie, es de todos. «Todo es para ti, pero no tuyo.»

La sabiduría de Asia es un manantial, un gran mar del que todos podemos beber. Somos gotas de agua encapsuladas en nuestra pequeña botella, y si rompemos la barrera del cristal, podremos ser parte de ese gran océano del que todos procedemos.

Toma las siguientes páginas como una visión personal surgida de una experiencia y anímate a dar forma a la tuya.

1. *Shanti, shanti*

Sutra: **Desacelerar lo cambia todo**

Shanti, shanti fueron las dos palabras que más escuché en mi primer viaje a la India.

Cada vez que me precipitaba a hacer algo, comportándome como un típico urbanita procedente del mundo capitalista industrializado, un hindú me respondía con esta expresión. Tardé un tiempo en comprenderla, pero una vez que lo hice, ya no la olvidé.

Aunque puede entenderse como paz en un sentido espiritual, dentro de la cotidianeidad y las calles de la India, *shanti, shanti* es lo que los americanos expresarían como «*Take it easy*» o nosotros los españoles como «Para el carro» o «Tómatelo con calma».

¿Cuántas veces escuché a mi sabia abuela decir aquello de «Ve despacio que tengo prisa»? Por desgracia, no le hice caso, y cuando pisé Asia por vez primera, era un acelerado occidental hiperactivo.

Una de las claves para ser feliz es darse cuenta de lo que sucede. Sentir e integrar las vivencias resulta fundamental, pero en nuestras aceleradas vidas, solemos perdernos en la inacabable agenda pendiente que arrastramos.

Nos dejamos llevar por la hiperactividad, porque nos hace sentir importantes y tapa todo tipo de problemas o emociones que no queremos reconocer.

El «Ahora no tengo tiempo» o el «Es que no paro» son algunas de nuestras frases favoritas. Unos van como una moto, otros reconocen el estrés o lo utilizan de pretexto...

No niego que en ocasiones la vida nos somete a situaciones que requieren cierta urgencia, pero no está de más valorar aquello que verdaderamente es importante.

Hay que aprender a dar sentido al tiempo, midiendo la hiperactividad desbordante y no hay que caer en el engaño de creer que el estar muy ocupados nos hace más felices.

El ser humano necesita integrar, antes de meterse en otra cosa, ya sea en el terreno emocional, sensorial o intelectual. El mundo moderno nos ha hecho insaciables y, cuando tenemos algo, ya queremos algo más. De modo que al final vivimos en la insatisfacción de no tenerlo todo o no alcanzar lo inabarcable. En el patrón de respiración de muchos occidentales, la pauta es inhalar de forma compulsiva, acorde con la hiperactividad, no tener conciencia de la retención de aire y exhalar de forma brusca, ineficiente y escasa. Solo pensamos en acumular aire, no en soltar, ni en dar tiempo para oxigenar las células.

En las primeras sesiones de yoga, el alumno aprende a respirar, alargando los tiempos de inhalación, retención y exhalación. De pronto, descubre que una simple relajación o pausa en la respiración puede cambiar sus pautas de conducta y su estado mental.

La respiración es uno de los recursos principales, no solo para calmar la mente, sino para hacer circular la energía de la luz universal que está en todas partes y también en nosotros. Se trata de respirar de forma muy sutil, suave y pausada. De esto habla también el *T'Ai I Chin Hua Tsung Chih*, conocido como *El secreto de la flor de oro*, un texto que, en el prólogo de la traducción de Richard Wilhem, Carl Jung considera un tratado de alquimia, además de texto taoísta de yoga chino. Personalmente, lo considero una de esas joyas que Oriente nos ofrece y que releo a menudo, comprobando cómo evolucionan sus contenidos con el curso de mi propia vida. Es uno de esos libros que inicialmente fue transmitido de forma oral y que cristalizó dentro de un círculo esotérico de China. Su primera edición data del siglo VIII, pero no llegó a Occidente hasta 1929 con la traducción alemana de Richard Wilhem, de la que se hizo una versión americana dos años más tarde. Luego fue reeditado en varias ocasiones durante la contracultura americana de los años sesenta.

«Cuando te sientas a meditar, debes mantener el corazón tranquilo y la energía concentrada. ¿Cómo podemos acallar y calmar el corazón?

Mediante la respiración.

El corazón simplemente ha de ser consciente del flujo de la inhalación y la exhalación; no se debe escuchar mediante los oídos. Si no es escuchada, entonces la respiración es la luz; Si es luz, entonces es pura.»[1]

La flor dorada es un símbolo, una metáfora que nos habla de la luz y de cómo hacerla circular por nuestro cuerpo. Detrás de esta luz, se esconde la esencia de la energía verdadera, del ser trascendente, el Uno.

En el contexto de la filosofía taoísta a la que se vincula el texto, lo trascendente sería la naturaleza, pero si lo extendemos a cualquier otra forma de pensamiento o religión, el concepto sería igualmente válido.

Hemos de aprender a conectar lo interno con lo externo, sabiendo mover la energía llamada *chi* o *prana* dentro de nosotros.

La luz de la flor de oro no es solo nuestro cuerpo, ni lo que está fuera de él como los ríos y las montañas, sino también el sol y la luna. Todo el universo conforma esta idea de luz o energía universal con la que podemos conectar. Una de las claves para conseguirlo es la respiración, la quietud mental y la apertura de corazón.

En un conocido *sutra* budista llamado *Suramgama Sutra* se dice:

«Concentrando los pensamientos uno puede volar; concentrando los deseos, uno se pierde. Solo mediante la contemplación y la quietud surge la verdadera intuición».

---

1. Richard Wilhem. *The Secret of the Golden Flower*. Harcour, Nueva York 1969, pág. 43.

En palabras de Buda: «Cuando fijas tu corazón en un punto, entonces nada es imposible para ti». El problema es que normalmente el corazón quiere acción y distracción para poder huir, por eso evitamos sentir desde el corazón.

Una de las mejores técnicas para enfocar y sentir nuestro corazón es la respiración silenciosa, pero para ello hay que desacelerar y rendirse a la inacción.

«El secreto de la magia en la vida consiste en usar la acción para alcanzar la inacción.»

Así lo postula *El secreto de la flor de oro*, siguiendo una de las premisas clave del pensamiento taoísta, que veremos en este capítulo.

Si logramos aplicar este principio de desacelerar en nuestra vida cotidiana, aparece un espacio vacío que permite observar, sentir, emocionarse, tomar decisiones y muchas otras cuestiones que en la precipitación o prisa no existen.

La cuestión reside en cómo introducir esta nueva premisa de desacelerar en tu vida cotidiana, dentro de un contexto ya creado que te incita a vivir al límite y estresado. Resulta muy difícil cambiar una conducta adquirida.

Allí es donde puede entrar la potencialidad del arte de viajar. El viaje te saca de contexto, creando una burbuja en forma de nuevo entorno, que se potencia si el territorio desconocido se rige por otras pautas de conducta. No se trata tanto de miles de kilómetros, sino de formas y cadencias. Nueva York es más de lo mismo y en mayor aceleración. Hay que aprender de otras formas culturales. A mí, me ha servido el continente asiático, pero a otros les servirá África o Sudamérica. No importa, la cuestión es poder levar amarras y desplazarse a un lugar sin las referencias de la cotidianeidad. Esta es la razón por la que París o Londres tampoco sirven como destino donde cambiar nuestras formas de relacionarnos con el tiempo y la actividad.

Con respecto a esto, mi primer aprendizaje fue en la atmósfera caribeña cubana, donde la impaciencia, la frustración o el enfado por la pérdida de tiempo fruto de un pinchazo se convirtió en el regalo de una noche en mitad de la nada, escuchando los grillos bajo las estrellas.

En la India, comprendí el concepto de desacelerar, pero allí hay tanta energía que no pude llevarlo a la práctica. Diría que empezó a calar en mí visitando países budistas, y probablemente fue Laos el que mejor me transmitió la práctica de ir por la vida a un ritmo más pausado.

La contemplación del discurrir del agua de un gran río como el Mekong apacigua el ánimo y te lleva a un estado de meditación. Si lo prolongas durante un buen rato, tarde o temprano, llegas a comprender qué significa fluir, otra enseñanza oriental que veremos en el capítulo siguiente.

La prisa y la aceleración no son más que el producto de un plan, de una previsión, de una meta, de haber calculado llegar en un tiempo. Sin embargo, ¿qué sucede si no hay cálculo, sino hay plan? De pronto, la tensión desaparece, porque ya no hay objetivo, ni meta, ni *timing*.

Ciertamente, resulta desconcertante, porque no sabes a qué aferrarte, pero si le das espacio, vas comprendiendo que puedes desenvolverte en la vida dejándote fluir como el agua que se adapta a los cambios, sorteando obstáculos, avanzando sin prisa, pero sin pausa.

La experiencia de desacelerar la podemos aprender en entornos rurales, aldeas, en el campo, contemplando montañas o ríos, pero difícilmente se va a dar en un entorno urbano, ni occidental, ni asiático.

Mi consejo es perderse en algún lugar recóndito, muy lejos del aeropuerto que nos ancla a nuestro mundo conocido de prisas y rutinas. Aprender a desacelerar es una de las grandes conquistas para una vida mejor.

Mi paraíso del tiempo pausado, que no perdido, fue Laos, un país en el que incluso en su capital Vientiane, la gente vive fluyendo pausadamente como el río que les da la vida.

País/territorio: Laos

Laos es un pequeño país que ronda los seis millones de habitantes y que formó parte del protectorado francés, dentro de la antigua Indochina. Su trazado se extiende a lo largo del río Mekong, que es su principal vía de comunicación y de recursos.

Situado entre China, Myanmar, Vietnam, Camboya y Thailandia, ocupa una posición central y estratégica en el sudeste asiático. Sin embargo, su angosta geografía, especialmente en el montañoso y selvático norte, lo han convertido en un territorio poco explorado por el turismo y sin demasiados vínculos con sus países vecinos.

Laos fue impunemente bombardeado por Estados Unidos durante la guerra de Vietnam, algo que ha sembrado el territorio de minas y explosivos hasta nuestros días.

Pese a los intentos americanos por detener el comunismo, este sistema rige en esta república democrática popular desde 1975. En su capital, Vientiane, sigue ondeando la bandera de la hoz y el martillo a lo largo de su paseo principal junto al río Mekong.

Recomiendo encarecidamente visitar el Museo de Historia Nacional, una joya histórica por el contenido de una colección que rebosa comunismo y antiamericanismo con fuentes gráficas de todo tipo. Pese a ello, no hay que creer que el país es un lugar hostil y peligroso para un occidental. En Laos no anida el resentimiento lógico que uno puede encontrar en Vietnam. Parece que el budismo les ha enseñado a perdonar o a desprenderse de las tragedias de su historia reciente, algo que puede compartir con Camboya.

Laos es un tranquilo y remoto lugar que alberga uno de los tesoros más importantes del sudeste asiático: Luang Prabang, una villa reconocida por la Unesco y visitada por los turistas. El acceso no es sencillo, pese a encontrarse a pocos kilómetros de Vientiane o de Hanói, la capital del norte de Vietnam. El lugar parece el corazón de las tinieblas descrito por Joseph Conrad, cuando despierta con las brumas de la mañana. Sin embargo, en cuanto el sol alcanza las cúpulas doradas de su centenar de pagodas, este pequeño pueblo resplandece como un oasis en mitad de las montañas selváticas.

En él se encuentran diversos afluentes, del gran Mekong, bajo una colina que alberga un templo primitivo: That Phu Si, que ofrece sobrecogedoras vistas al atardecer.

Pese al turismo incipiente que ha instalado un *nightmarket* con artesanía local, la atmósfera del pueblo sigue anclada entre la vida monacal de los miles de monjes que la habitan y el aroma colonial que dejaron los franceses con bellas villas y cafés. Este es uno de esos lugares donde se encuentran el Oriente y el Occidente más refinados. Luang Prabang es un lugar para quedarse a ver pasar las horas, un espacio de esos que el turismo considera que se visitan en dos días. Sin embargo, si uno se queda por más tiempo, se contagia del espíritu de una tierra que invita a desacelerar, a escuchar el ritmo de la vida y a percibir desde otro lugar, más allá de la mente. La potencia del río Mekong es tal que, aunque no se esté ante él, se presiente, de un modo parecido a los mantras y plegarias de los monjes que acontecen sigilosamente dentro de los monasterios. Si uno quiere, puede participar de ellas, escuchando y meditando, pero aún sin hacerlo, hay algo en Luang Prabang que te alcanza y te invita a bajar de revoluciones, a sentir la vida pausadamente.

El calor tropical ayuda, al igual que el manto de estrellas en la noche, pero no hay un porqué concreto, es algo inherente a la magia ancestral del lugar.

Vivencias

Aterricé en Laos en un avión de hélices, procedente de Hanói, la capital del norte de Vietnam. Mi puerto de entrada fue Luang Prabang, porque quise ir directamente al lugar del que tanto me habían hablado. El norte resultaba un lugar remoto en el que durante la antigüedad los pueblos solo podían ser alcanzados por vía fluvial o mediante penosas expediciones por la selva tropical, salpicada de montes.

El viajero y escritor Norman Lewis, en su libro de viajes por Indochina titulado *A Dragon Apparent* (1951), fue de los primeros en hablar de la belleza de sus pagodas.

Llegué casi al anochecer, entre el rumor de las aguas que envuelven a esta aldea que parece una isla rodeada por cuatro ríos. Los mantras de la tarde se habían callado, pero todavía podía olerse el incienso y palparse el calor del final del verano. Los niños jugaban en la calle y el mercado de noche se preparaba para recibir a los turistas de paso, que se movían con la cadencia apresurada del viajero occidental que considera que un lugar tan pequeño no necesita más de dos días de visita. Yo había venido para quedarme, al menos durante una semana.

Así pude observar, permanecer y entrar en la forma de vida de este pequeño paraíso, que se levanta poco antes del amanecer, cuando los monjes salen a la calle a pedir limosna, y se acuesta con el sol, entre rezos y plegarias.

En Luang Prabang encontré el culto budista integrado en la cotidianeidad y oficiado en el marco de unos templos históricos y monumentales que seguían vivos, no convertidos en reliquias o en museos aptos para la visita turística, como en otros puntos de Asia. Los monjes permitían compartir ceremonias y ser observados en pleno culto, siempre que hubiera un respetuoso silencio y se siguieran normas básicas como descalzarse al entrar en los templos y mantener una actitud considerada.

La primera pista que detecté en relación con la desaceleración fue la cadencia de los movimientos de los monjes, pues sus cuerpos parecían estar detenidos en la meditación y se movían como lo hacen las palmeras cuando el viento las mece.

Me recordaban la cadencia del *tao*, el ritmo que establece la naturaleza, tal como la entiende esta antigua forma de sabiduría china. Siguiendo el *tao* o el modo de ser de la naturaleza, alcanzas un estado de ánimo semejante a lo natural.

Este concepto de naturalidad que yo veía en los monjes de Luang Prabang se conoceen China como *wu wei*, que podría traducirse como «no hacer nada», algo que asociamos comúnmente con la meditación. Craso error, porque el *wu wei* es un equilibrio dinámico, un reposo para comprender con atención, un vacío de la mente para percibir completamente, una comprensión del todo desde la no acción. Un lugar en el que la sombra del pensamiento, que media entre el estímulo y la acción, desaparece. Esta es una de las claves para meditar que los monjes practican diariamente hasta alcanzar la perfección.

Desde el exterior, allí donde casi siempre estamos los modernos hombres civilizados, parece no suceder nada, pero internamente, están captando todo aquello que a nosotros se nos escapa. Pueden ser las armonías sutiles de la naturaleza como plantea el taoísmo o la mirada íntima hacia tu dios interior del budismo.

Chuang Tsé, el gran filósofo chino taoísta que vivió en el siglo IV a.C., cuando habla del *wu wei* nos dice:

«La mente del sabio por estar en reposo deviene espejo del universo, espectáculo de toda la creación.

Reposo, tranquilidad, quietud y naturalidad son los niveles del universo, la perfección última del Tao.»

Vuelvo a los monjes y escucho sus mantras, prestando atención a la sonoridad de unas palabras que no comprendo, pero cuya lenta cadencia apacigua mi estado de ánimo. Nada parece romper la armonía de un entorno que transcurre a un ritmo parecido al de las aguas del río Mekong. Suave, constante y fuerte.

Una tarde subí a la colina principal de Luang Prabang para visitar su templo y contemplar las vistas panorámicas de toda la región que desde ahí se divisan.

Con una terrible humedad, los ciento noventa escalones, solo podían ser superados a bajas revoluciones y a un ritmo constante. Una vez en la cima, las vistas parecían sacadas de un cuadro simbolista, con paisajes como los de Gustave Moreau, aquellos que recuerdan acuarelas japonesas, con colinas fantasmagóricas entre el vapor de las aguas del río fusionándose con las nubes. De pronto, el crepúsculo irrumpió para llenar de un color morado todo el cielo y los cientos de turistas quedamos paralizados, incapaces de hacer una fotografía durante unos preciosos segundos en los que el tiempo se detuvo.

Dentro del templo, apenas había nadie, tan solo dos chicas locales que habían ido a consultar una especie de oráculo, que consiste en sacudir un cubilete lleno de varillas con números. Me invitaron a participar y fue divertido ver sus caras ante mi supuesta suerte, que apenas me pudieron transmitir, porque no hablaban inglés. Me fui con la experiencia y la visión de un paisaje que no podré olvidar. Allá arriba, la vida parecía detenida, quieta y estática.

Probablemente, aquella forma de oráculo provenía del *I Ching o libro de las mutaciones*, el texto más antiguo de la China, que fue usado como oráculo imperial, a partir de una base cosmológica y metafísica, que también inspiró tanto al taoísmo como al confucianismo. También se lanzan unas varillas y, como sucede en casi todas las formas de adivinación primitivas como la cábala, la numerología pitagórica o la tántrica, los números establecen un oráculo. Aunque el *I Ching* es mucho más que esto. Por ejemplo, en él se recoge la sabiduría de los cinco elementos y temas de la medicina china.

Con la conciencia del oráculo, remonté el Mekong para visitar las cuevas de Paok See, famosas por los centenares de estatuillas budistas depositadas como ofrendas durante siglos por los devotos.

Subido a bordo de una larga y estrecha barcaza, un hombre curtido, con callos en las manos de tanto asir el remo, puso en marcha el motor. La corriente nos varaba continuamente, pero poco a poco corregíamos rumbo y ascendíamos sobre unas aguas arenosas con un caudal estremecedor. A uno de los lados, se divisaba alguna aldea de campesinos, pero el otro costado era casi imposible de ver debido a la enorme distancia. Cielos azules, con alguna nube sobre las verdes colinas selváticas. Unas horas más tarde, llegamos a las cuevas. La primera, junto al río, resultaba más luminosa y bella, pero también más visitada y ruidosa que la que descubrí internándome unos metros en la selva, siguiendo una escalinata que daba a una cavidad que invitaba a adentrarse en la oscuridad. Pasado el umbral, un bello Buda reclinado, ocupaba un altar que apareció bajo la luz de mi linterna.

Un poco más hacia el interior, en otra sala lateral y todavía más profunda, diversos Budas se alineaban de pie, como un ejército de la templanza. Silencio y oscuridad, cobijo y refugio de la luz cegadora del exterior. Toda una experiencia en el corazón de las tinieblas, un lugar en el que el tiempo parecía detenerse, un espacio donde serenarse, antes de volver a las aguas del río, que, ya de regreso, te llevaban como si fueras montado sobre una gran ola.

El arte budista ofrece numerosas variaciones. Normalmente, su espacio más conocido son las *estupas* o *chortens*, esas estructuras cónicas que apuntan al cielo, originadas como lugar de custodia de reliquias del Buda. Son lugares de culto exterior, cubiertas de oro, que relucen ante la luz del cielo e irradian su entorno. En cambio, las cuevas son espacios de recogimiento y meditación, con ese algo ancestral que nos devuelve al útero, al origen del que procedemos, a la noche de los tiempos, al silencio de la inmortalidad. Hoy suelen visitarse en compañía de fieles devotos o simples turistas, pero, si se llega a primera o última hora, queda la esperanza de vivir la experiencia en solitario, pudiendo sentir la atmósfera de recogimiento. Si esto no es posible, siempre queda la contemplación estética de los cientos de Budas que la gente ha ido depositando a lo largo de los siglos.

Aquí, en Laos, todos eran Budas alargados con bellas coronas flamígeras y expresivas sonrisas. Brazos gráciles y cuerpos en movimientos armónicos que demostraban un arte escultórico muy avanzado. El interior poco tenía que ver con la belleza de las grutas del arte budista hindú, como Ellora o Ajanta, pero quedaba compensado con su esplendor natural, con las cuevas suspendidas sobre el gran río, escondidas en mitad de la selva tropical. Llegar hasta ellas devenía en todo un ritual, una experiencia casi iniciática.

Al llegar al embarcadero de Luang Prabang, me quedé hipnotizado, observando el planear de las embarcaciones, que, para cubrir el trayecto de orilla a orilla, debían trazar virtuosas diagonales y curvas sinuosas que compensaban la fuerza contraria de la corriente. Lo que para unos hubiera sido un ejercicio de pánico, se vivía con toda tranquilidad. Simplemente, integraban el Tao en sus movimientos, siguiendo el flujo de la corriente del río. Si todos pudiéramos hacer lo mismo con nuestras vidas, tal vez sería todo más sencillo.

Embarcadero de Luang Prabang al atardecer sobre el río Mekong.

El *wu wei* puede entenderse como un juego del hombre que retorna a la niñez para compenetrarse con los elementos de la naturaleza y actúa desde la acción espontánea. Cuando de adultos adquirimos la conciencia del Yo, que en sánscrito se denomina *Ahamkara*, esta se apropia de la acción y la subordina a sus propios fines. Cuando actuamos desde este Yo, la acción se estropea, se premedita y no fluye.

Al desacelerar y pausar, activas la capacidad de escuchar las armonías de tu entorno y la acción surge de una forma espontánea y natural. Sin embargo, esto no se puede confundir con la velocidad. Espontaneidad no es celeridad, sino naturalidad desde una cadencia, que se ajusta al entorno que te rodea.

La cadencia de Luang Prabang era reposada desde el amanecer. Recuerdo la ritualidad de unos desayunos coloniales, entre muebles de teca y ventiladores, viendo pasar la vida.

La gente local se movía de forma silenciosa y apacible, entre turistas que iban y venían, persiguiendo con sus cámaras a los monjes en su rito matinal de recoger alimentos por las calles.

Un día trabé amistad con un monje que sabía mucho de fútbol y tenía ganas de aprender inglés. Resultaba curioso comprobar cuánto sabían de fútbol los monjes, tanto como cualquiera de los nativos dedicados al transporte o el turismo. Tal vez esta era la religión nuestra que más les llegaba o, simplemente, era la punta de lanza del voraz capitalismo comercial, que se enriquece vendiendo camisetas en cualquier lugar del mundo.

Los monjes saben de fútbol y también son personas. Este descubrimiento de aquel día rompía mi estúpido tópico de pensar que eran personas que vivían la vida en plena reclusión y aislamiento. Su visión del deporte era serena, sin pasiones, estridencias o alteraciones de tono, casi comprendiendo el sentido reverencial que para muchos de nosotros puede tener esta especie de religión del urbanita occidental contemporáneo.

A mi alrededor, los templos se disponían junto a una estupa central blanca cubierta por esferas desconchadas y restos dorados. Los tejados de los edificios parecían posarse sobre el suelo, adornados por preciosas filigranas ornamentales en madera policromada, en tonos rojos y colores terrosos. Había en ellos un indudable estilo, procedente de la antigua China.

No podía dejar de contemplar aquellas maravillas, mientras el monje seguía hablándome de su día a día, de los años que le quedaban de formación, de la imagen que él tenía de Occidente. No es que sus palabras fueran ruido para mí, pero lo que expresaba, lo que verdaderamente me hablaba era su tono melodioso y pausado.

Aquel era un lenguaje universal, cuya cadencia parecía ajustarse con la melodía del río y el sentido de las nubes, detenidas sobre las colinas.

Luang Prabang fue declarado patrimonio de la humanidad por la Unesco y, desde entonces, su paz puede quebrarse por la irrupción de todos los turistas que venimos a conocer su magia y, en ocasiones, nos perdemos en el detalle de una superficie que no nos deja escuchar su silencio. Para ello, hay que detenerse, frenar y quedarse un tiempo.

Un lugar para permanecer unos días, más allá de lo establecido en las guías o en la idea típica del mundo civilizado que viene a ver lo que hay que ver en un tiempo preestablecido, para seguir acumulando millas y trofeos turísticos.

Luang Prabang invita a comprender el poder de la desaceleración, pues en la lentitud y en la pausa se hace visible lo más sutil.

Algo de todo esto se mantiene en Vientiane, la capital de Laos, pero, como es de esperar, la ciudad rompe la magia de los lugares remotos. En comparación con otras metrópolis asiáticas, Vientiane resulta un balneario a orillas del Mekong, pero sus vibraciones son bastante reconocibles para cualquier occidental. Tráfico, bares, bullicio, alta oferta hotelera, bazares y templos en reconstrucción que hablan de una ciudad que se abre al mundo, desde el anclaje de un régimen comunista que le ha aportado un cierto candor por su anacronismo.

El mayor espectáculo son los atardeceres en el paseo del Mekong, donde las mujeres acuden a practicar aeróbic al aire libre, a un ritmo endiablado, más propio de un *after* ibicenco que de un pequeño país budista.

Me hubiera gustado seguir el descenso por el Mekong hasta las cascadas de Pakse y, desde ahí, llegar a la vecina Camboya, pero me lo reservo para otra ocasión.

No hay que correr, ni ansiar acumular más millas, solo desacelerar y observar qué sucede en tu interior.

Cita

«Sí, he visto poco de los mares de Oriente, pero lo que más recuerdo es mi primer viaje allí. Ya sabéis, amigos míos, que existen esos viajes que parecen hechos para ilustrarte la vida, que podrían mantenerse como un símbolo de existencia. Luchas, trabajas, sudas y casi te matas tratando de conseguir algo que no puedes. En cualquier caso, es culpa tuya. Simplemente, no puedes hacer nada, es así.»

JOSEPH CONRAD,
El corazón de las tinieblas

2. Todo está en permanente cambio

Sutra: **Saber fluir**

Creemos que podemos poseer el tiempo, detenerlo, mantenernos firmes en una postura, anclados en nuestras convicciones, pero en muchos casos nos acabamos dando cuenta de que lo que fue válido ayer ya no lo es hoy.

Del mismo modo, como viajeros tratamos de regresar a un lugar para revivir aquellas experiencias que tanto nos gustaron y descubrimos que nada vuelve porque todo cambia. Olvidamos que el buen caminante no deja huellas, tal como propone el *Tao Te King*, ese antiguo tratado de sabiduría china atribuido al sabio Lao Tsé, quien, ante un supuesto viaje a Occidente, se propuso concentrar en un breve texto un sistema metafísico basado en la dualidad.

El ser y el no ser se engendran mutuamente, lo fácil y lo difícil se complementan, y el antes y el después se suceden recíprocamente...

«El Tao que puede ser expresado no es el verdadero Tao.

El nombre que se le puede dar no es su verdadero nombre. Sin nombre, es el principio del universo; y con nombre, es la madre de todas las cosas.»

Así empieza esta obra fundamental del pensamiento oriental, que es bueno revisar continuamente. Si es cierto que fue escrito por Lao Tsé, es un misterio como lo es la propia naturaleza del Tao. Lo que sí sabemos es que el texto era desconocido en Occidente hasta el siglo XIX, cuando fue traducido con el título de *The Way of Life*.

Una de las más grandes lecciones del *Tao Te King* es la impermanencia, el comprender que todo fluye, también la vida. Sin embargo, en nuestra cultura consumista, que todo lo compra, queremos vivir en ese mito de la eterna juventud, anclados a aquellos maravillosos años de nuestra adolescencia, repitiendo patrones de entonces, sin comprender que la vida tiene ciclos.

En la actualidad, en muchos países europeos no solo presenciamos el síndrome del eterno Peter Pan, sino a gente que entra en la tercera edad con conductas infantiles. Es conocido el relativo retorno a la infancia que se produce en la vejez, pero resulta absurdo ver a ancianos conduciendo descapotables y adoptando las posturas de cuando tenían veinte o treinta años.

Hay que comprender que las fases de la vida se mueven en consonancia con los ciclos estacionales de la naturaleza y que esto es algo inmutable. Hay que saber fluir y cambiar con las estaciones de la vida. Esta es la lección en la concepción global del tiempo.

Al hacerlo de una forma concreta, en la inmediatez del presente, es asimismo básico comprender que todo está en permanente cambio, tal como han establecido diversas filosofías orientales, como el taoísmo chino o el vedanta hinduista. Por lo tanto, la energía, que unos llaman *chi* y otros *prana,* está en constante movimiento y se desplaza por todas partes, incluyendo nuestro cuerpo, entorno y naturaleza.

Al igual que los planetas se desplazan y la Tierra rota, la energía que nos rodea y también nuestras células están en permanente cambio. En el pensamiento oriental, hay mayor tendencia a vincular este flujo a lo mental, adoptando posturas más flexibles, asimilando las cosas como vienen, sin un plan determinado, fijo e impostado.

Occidente quiere el plan, el control, la planificación, por eso muchas veces surge la frustración cuando las cosas no salen como las hemos previsto. En cambio, la mayoría de los países asiáticos (tal vez en este capítulo deberíamos descartar la más mecanizada mente nipona) se deja llevar por la improvisación de lo que viene, comprendiendo que todo fluye y que es absurdo aferrarse a las cosas, ideas, etc.

Nosotros, los occidentales, pensamos que somos la misma persona todos los días y no nos damos cuenta de que ningún día es igual, por mucho que fijemos una rutina que nos garantice vivir en una zona de confort.

El destino puede cambiar todo cuanto nos rodea en un simple día, como bien saben muchos habitantes asiáticos expuestos a tornados, tsunamis, inundaciones o terremotos, que pueden acabar en nada con todo lo que poseen. Ahí están los casos de desastres naturales que han asolado Myanmar, Camboya, Vietnam, Indonesia y Nepal.

Muchos de estos países deben convivir con el peligro de estas amenazas y la inclemencia de las lluvias monzónicas que les visitan cada año.

De esta forma, la naturaleza parece imponer su ley, recordando que todo aquello que existe en este momento habrá dejado de ser en unos segundos.

El medio natural parece querer decirle al hombre que su vida está en permanente cambio, como lo están sus cuatro elementos: agua, tierra, fuego y aire.

Por mucho que el ser humano quiera controlar, cogerse a lo que le funciona, le gusta o le resulta cómodo, las cosas cambian de forma imprevista. Es la ley del azar, del fluir que nos obliga a dejarnos llevar, al igual que el tronco que navega en la corriente del río, sorteando obstáculos, evitando quedar estancado, siguiendo la línea de menor resistencia.

La cultura occidental conoce esta ley gracias al sabio presocrático Heráclito, quien dijo que es imposible volver a bañarse en el mismo río, pero parece haber olvidado la lección. En cambio, esto es algo que en lugares del sudeste asiático como Thailandia, Laos, Camboya o Vietnam conocen muy bien, porque sus vidas transcurren en el agua, ya sea sobre el mar, los ríos y canales o en las tierras interiores encharcadas, sobre las que crecen las plantaciones de arroz.

Sus gentes, pescadores o campesinos, al igual que los que viven en las montañas de los Himalayas, asimilan perfectamente las lecciones de su elemento natural, algo que se ha perdido en Occidente, debido a la concentración urbana e industrial.

Además, nosotros creemos dominar la naturaleza con nuestra fuerza tecnológica, pero quienes están en el Tao comprenden el modo de ser de la naturaleza.

«El gran Tao es como el río que fluye en todas las direcciones.

Todos los seres le deben la existencia y él a ninguno se la niega. Cuando realiza su obra, no se la apropia.

Cuida y alimenta a todos los seres sin adueñarse de ellos.

Carece de ambiciones, por eso puede ser llamado pequeño.

Todos los seres retornan a él sin que los reclame, y por eso puede ser llamado grande.

De la misma forma, el sabio nunca se considera grande, y así, perpetúa su grandeza.»

Tao Te King, XXIV

El agua es tránsito, símbolo del alma, elemento que se vincula con las emociones y la creatividad. La materia de la cual procedemos y que ocupa gran parte de nuestro organismo.

Si simplemente nos limitáramos a escucharla, comprenderíamos que debemos perder nuestro miedo al cambio. Todo fluye... Entonces, ¿para qué aferrarse, por qué negarlo?

Aprende a liberar tu carga y a transitar atento al eterno cambio, al movimiento continuo que nos envuelve.

Es inútil resistirse al fluir de los acontecimientos y al flujo continuo de la naturaleza.

País/territorio: Thailandia

El país de los *tais* es uno de los destinos más amables que pueden encontrarse en toda Asia. Si bien es cierto que su capital, Bangkok, es una inmensa metrópolis con una energía que puede llegar a ser extenuante, el carácter tailandés fascina por su amabilidad y talante budista.

Su gente vive sin prisas, sin exigencias y sin quejas, independientemente de cuál sea la situación. Puede haber restos de agresividad en los conductores de *tuk-tuks* en las grandes ciudades, aunque mayoritariamente lo que uno encuentra en Thailandia es dulzura y formas elegantes, al igual que en los países vecinos del sudeste asiático, como Myanmar, Laos o Camboya, también bajo la forma de budismo Hinayana, que cree en la liberación en esta vida.

Bangkok es el epicentro financiero y comercial. Ubicada junto al río Chao Praya que la convirtió hace siglos en importante puerto de intercambio, hoy ejerce de *hub* asiático que conecta Occidente con muchas destinaciones de Asia.

Asimismo, se ha convertido en el lugar de residencia de múltiples occidentales. El país vive bajo una monarquía cada vez menos absolutista y con la voluntad de abrirse al mundo, por detrás de gigantes asiáticos como China o India. Al igual que estos, puede ser un lugar de contrastes, aunque las diferencias entre ricos y pobres no son tan exageradas. Probablemente, solo en los grandes y lujosos centros comerciales de zonas de Bangkok, como Silom, se note la distancia entre los muy ricos y el resto de la población.

Con localidades como Chang Mai y Chang Rai, el norte es más rural y montañoso, con zonas selváticas que se adentran en el prohibido triángulo del opio: una zona fronteriza, que une a Thailandia con Laos y Myanmar, en la que el tráfico de droga ha causado estragos desde hace décadas.

La droga y la prostitución son inherentes al paisaje humano tailandés, una herencia de la ya lejana guerra de Vietnam, que desde entonces atrae a los occidentales en busca de hedonismo, escapismo, vicio y diversión.

La alta concentración de prostitución en diversas zonas de Bangkok, como Nana o Pat Pong, pueden convertir este destino en una especie de Estación Termini de la decadencia de Occidente.

Esta es una cara de Thailandia que hay que tener en cuenta, pero se trata de algo que uno encuentra si lo va a buscar, o cuando a lo largo del viaje se visitan determinadas destinaciones, como la playa de Pattaya o alguna de las supuestas islas paradisíacas del archipiélago tailandés. Si se viaja por zonas rurales del interior, como Lampang, todo esto desaparece. Lo mismo sucede en Bangkok, evitando ciertos barrios.

Mi experiencia como viajero en Thailandia ha sido casi siempre la de estar de paso, he recurrido a Bangkok como enlace para otros destinos. Sin embargo, han sido tantas las veces que he pasado por esta ciudad que se ha convertido en una de mis ciudades predilectas del continente asiático. Casi siempre me he alojado cerca del río, cerca del Hotel Oriental, con la proximidad del embarcadero que te permite tomar las lanchas públicas, que remontan el río en dirección al barrio chino, el Palacio Real o el barrio mochilero de Kaosan Road, en el norte.

En ocasiones, he llegado a emprender cortas excursiones para visitar lugares de interés histórico, como las ruinas de Ayutayya y Sukhotai, que cobijan los restos del antiguo reino de Siam, o a la más lejana Phimai, con templos que anticipan la civilización jemer de Angkor Wat.

En todos los casos, mi impresión de Thailandia ha sido la de un país amable, donde se me hace fácil seguir el fluir de su gente, donde puedo improvisar sin temer que las cosas puedan complicarse. Se trata de un lugar de esos que los americanos denominan *easy going*. Tal vez lo más duro de Thailandia sea la alta humedad relativa que dispara la sensación de calor a estados de tedio bastante sofocantes. Como compensación, puede recurrirse a sus tradicionales masajes o a los placeres de una comida picante como pocas, pero sanamente vegetariana y equilibrada.

Gran Buda reclinado del Wat Pho en Bangkok.

Vivencias

Siempre recuerdo de Bangkok la imagen desde la lancha, remontando el río, camino del embarcadero junto al Wat Pho, porque es el primer lugar que suelo visitar para pedir a su gran Buda reclinado que me otorgue protección durante el viaje.

Además, detrás del templo está la reputada escuela de masajes, a la que acudo para quitarme los males de un largo vuelo intercontinental.

Bangkok suele ser mi puerto de entrada al continente asiático. Las horas de vuelo y el *jet lag* te dejan el cuerpo traspuesto y la contundencia de un masaje tailandés, en manos de las ancianitas o señoras ya expertas, te recoloca todos los huesos y terminaciones nerviosas, además de disolver todos los nudos que te bloquean. El cuerpo es como un mapa interno de nuestra conducta externa.

La idea de fluir es esencial también para el cuerpo. Si existe un bloqueo, por ejemplo, en el cuello o las cervicales, se rompe la comunicación entre el cerebro y el corazón, lo que tiende a convertirnos en robots, que amputan sus emociones en el típico nudo en la garganta.

El Tao establece la flexibilidad como una de las propiedades de la vida.

«El hombre, al nacer, es blando y flexible, y al morir queda rígido y duro.

Las plantas, al nacer, son tiernas y flexibles, y al morir quedan duras y secas.

Lo duro y lo rígido son propiedades de la muerte.

Lo flexible y blando son propiedades de la vida.

Por esto, la fortaleza de las armas es la causa de su derrota, y el árbol robusto es abatido.

Lo duro y lo fuerte es inferior, y lo blando y frágil es superior.»

Tao Te King, LXXVI

Por lo tanto, si nos sentimos rígidos, estamos más cerca de la muerte. Asimismo, la rutina de la sociedad industrializada nos educa para ser fuertes y duros, de modo que debemos desaprender y recuperar aquella flexibilidad que teníamos al nacer.

Un buen masaje es un buen principio para alcanzar esto de una forma inmediata, después de los efectos de un largo viaje y la carga que solemos llevar de nuestras rutinas. Es importante desbloquear nuestro cuerpo con masajes, yoga, terapias o prácticas físicas, que nos aproximen al arte de vivir fluyendo.

Lo orgánico tiene mucha más influencia sobre nuestra mente y nuestras emociones de lo que nos pensamos. El ser humano funciona como un todo holístico, en el que existe una interacción entre todas sus partes. Por eso, es básico para aprender a fluir, primero, deshacer los nudos de nuestro organismo, limpiando los canales energéticos mediante masajes, reiki, yoga o lo que se quiera.

Un buen masaje al iniciar un viaje, además de colocar el cuerpo en su sitio, prepara la mente para que deje de ser tan rígida como de costumbre.

En una ciudad tan caótica, bulliciosa y cargada de tráfico como Bangkok, lo mejor es recurrir al *sky train*, un tren elevado que cubre parte del centro urbano, o desplazarse en las pequeñas embarcaciones motorizadas, que amarran en distintos puntos del río que la atraviesa.

La primera vez que visité Bangkok, recuerdo que me impactó el espectáculo de la ciudad vista desde las aguas del río, con el trajín de los marineros lanzando y recogiendo los amarres. Recorrí la ciudad vieja visitando casi todos los templos más importantes, que se hallan a uno y otro costado del río Chao Praya.

En la orilla opuesta al Palacio Real y el Wat Pho, visité el Wat Arun, con sus torretas apiñadas y aquellos barrios humildes, que rodean al templo y en los que pude ver la vida sobre las aguas. Muchas casas eran todavía de madera y se sostenían sobre troncos y estructuras que las elevaban del nivel de río. Sobre las aguas, brotaban plantas y, en ocasiones algunas flores de loto, abriéndose paso entre la suciedad y la contaminación propias de una gran metrópoli. No todo lo que vi fue bucólico y arcaico, pero diría que en Bangkok hay espacio para todo. En ella conviven modernidad y tradición, vicio y moralidad, orden y caos.

Más tarde, cuando el sol ya se hacía insoportable, me bajé en el embarcadero de Rajchawongse, que me metió de lleno en el oscuro laberinto colorista de uno de los *chinatowns* más fascinantes que he visto en Asia.

Aquella exploración supuso todo un reto para mi torpe capacidad de fluir y dejarme llevar, ya que el laberinto puso a prueba mi sentido de la orientación. Como buen occidental, me resistía a no saber por dónde iba y me incomodaba no llegar al destino concreto que había determinado en el mapa. En aquel entresijo de callejones atestado de gente y mercancías invadiendo tu camino, era imposible orientarse. No había referencias exteriores, porque apenas podías ver el cielo o la posición del sol. Te perdías, quisieras o no. Presentando resistencia, te enfadabas, pero si te dejabas llevar, todo cambiaba, así que me dediqué a fluir y a vivir la experiencia como una sorpresa. Recordé nuevamente las leyes del Tao. El camino del cielo es saber vencer sin combatir, responder sin hablar, atraer sin llamar y actuar sin agitarse.

Tracé un recorrido sin rumbo, sin ningún fin más allá de vagar, contemplar e impregnarme del placer sensorial, que suponía cruzar partes del mercado con crujientes patos cantoneses, fideos *pad thai* y herboristerías con tés de todas clases.

Al llegar a la zona de los paquetes de mil bolígrafos y las esquina con peluches gigantes, me vi dentro de una pesadilla infantil, pero al final pude salir sano y salvo. Toda una experiencia.

Así ha sido cada vez que he visitado el Chinatown de Bangkok, nada ha cambiado desde entonces.

Con el tiempo fui aprendiendo algún itinerario parcial, pero, en un momento u otro, sigo perdiéndome, lo que hace distinta cada visita.

En la capital de Thailandia, otra de mis vivencias fue descubrir la lancha que se toma en el puente de Phanfa y cruza la ciudad de forma transversal, surcando un estrecho canal de apenas tres metros de ancho, entre puentes y todo tipo de barrios. La embarcación iba llena de tailandeses, ajenos al salpicar del agua, cada vez que se aproximaba a tierra firme. Este era un vestigio de la antigua Bangkok, que llegó a considerarse la Ámsterdam asiática y que hoy ha perdido la mayor parte de sus canales.

Al caer la noche, la ciudad se transformaba en un espectáculo de neones y modernidad, con trenes y autopistas sobrevolando mi cabeza, entre rascacielos que se erigían como gigantes en una imagen que parecía sacada de la película *Blade Runner*. El exceso de estímulos sensoriales seguía poniendo a prueba mi capacidad de fluir. Tampoco podía sacarme de la cabeza las voces de los replicantes protagonistas de la película que venían a encontrarse con el dios de la ingeniería genética que los había creado, para pedirle que les permitiera vivir más. Los androides no solo podían soñar con ovejas mecánicas, como plantea el título original de la novela de Philip K. Dick en la que se basa la película, sino que, además, pueden tener sentimientos y crecer con esa tara tan nuestra del miedo a la muerte. También ellos se resistían al eterno cambio y a los ciclos de la vida.

Un día, mi amigo Pol Comesana, que llevaba ya unos años viviendo en la ciudad, al frente de su web y agencia de viajes Mundo Nómada, me llevó a la terraza de uno de esos modernos hoteles de veintitantas plantas, en las que te sentías muy frágil, mientras el viento parecía mecer todo el edificio. Allí arriba, uno era un ser diminuto ante las luces de la ciudad bulliciosa. También podías sentirte como un dios que observa desde las alturas, aunque a mí esa distancia en el espacio me conectó con mi interior.

Al ver a la ciudad moviéndose, pensé que mi organismo era también una metrópoli en movimiento a la que debía cuidar y atender.

En otra visita a Bangkok, pasé el fin de semana en el gigantesco mercado de Chatucchak, situado al norte de la ciudad y que constituye uno de los mayores bazares del mundo donde puedes encontrar desde serpientes cobra, hasta baterías de cocina o diversos modelos de atrapasueños.

Recuerdo que un día vi una prenda y luego quise volver para comprarla. Me pasé dos horas, tratando de encontrar aquellos pantalones de yoga azules que me había mostrado una vendedora china. Fue imposible, así que acabé comprando otros muy parecidos. En mi obsesión por que fueran los mismos, aturdido por el intenso calor, diría que se me apareció Heráclito, para recordarme la lección de la inmediatez: vive en el presente, porque las cosas no regresan, fluyen.

Uno de mis mejores recuerdos de Thailandia fue la primera vez que, volviendo de las ruinas de Ayuthayya, regresé a Bangkok por vía fluvial. El trayecto duró unas cuatro o cinco horas, en las que pude contemplar la vida rural en ambas riberas del río, como si todo fuera un pesebre de la antigüedad. En esos tiempos, iba de fotógrafo intrépido y viajaba en compañía de una canadiense que acababa de conocer. Jugábamos y competíamos a ver quién hacía mayor cantidad de fotos, o quién tenía el objetivo más largo, o cuál era la mejor posición de la cámara. Ella era muy rápida y yo acabé exhausto, sin vivir la experiencia por estar pegado al visor.

De pronto, entró la luz del atardecer y la gran ciudad emergió sobre las aguas.

El espectáculo era tan especial que el furor fotográfico se detuvo irremediablemente. Fue una contundente lección para los dos. Habíamos estado perdiendo el tiempo con nuestras cámaras, obsesionados con captar y poseer instantáneas, cuando lo importante era vivenciar, parar, contemplar y fluir con lo que aconteciera.

Fijar imágenes en el tiempo y el espacio no vale para nada si no hay experiencia.

La fotografía fija una espontánea, pero, como establece la ley de la impermanencia budista, bajo la doctrina conocida como *anicca*, debemos considerar siempre la naturaleza transitoria de las cosas. Las formas solo existen porque están en permanente cambio.

Ram Dass, quien fuera conocido como Richard Alpert, antes de abandonar su carrera de psiquiatría en Harvard junto a Timothy Leary (el gurú del movimiento psicodélico), lo explica muy bien en su libro autobiográfico *Aquí todavía,* cuando un derrame cerebral lo tuvo a las puertas de la muerte.

Dos décadas antes, a mediados de los sesenta, se instaló en la India para practicar meditación budista y convertirse al hinduismo.

«La práctica de la meditación en Boghgaya me sensibilizó respecto a la impermanencia y sobre cómo tratamos de eludirla. Este reconocimiento provocó una gran ansiedad en mí; revelaba la fragilidad del lugar en el que intentaba mantenerme. Mi Ego puso obstáculos a la verdad; edificado sobre la ilusión de su sólida existencia aparte, luchó contra la abrumadora evidencia de que, como cualquier otra cosa, era impermanente.»[1]

---

1. Ram Dass. *Aquí todavía*. Editorial Kairós, Barcelona, 2002, pág. 117.

En el mismo libro, cuenta que los monjes budistas son instruidos en los osarios o en lugares donde los cuerpos son abandonados para que sean devorados por los buitres. Normalmente, esto se da en cimas elevadas, señaladas por escaleras pintadas de blanco, sobre la piedra y cubiertas de banderas multicolores de plegarias budistas. Allí los monjes meditan entre los cuerpos en descomposición para aprender la naturaleza impermanente del cuerpo y de todas las cosas vivientes. Esta meditación permite obtener el desapego de lo físico y aproximarse, desde el alma, a la contemplación de la mente y el cuerpo.

La impermanencia también es un modo de comprender la importancia de focalizar la atención en el momento presente. Si todo está en permanente cambio, ¿para qué preocuparse por prever lo que traerá el futuro o anclarse en el pasado?

La última vez que estuve en Bangkok fue camino de Myanmar. De nuevo, llegué con dos amigos fotógrafos, esta vez con la intención de escribir una parte de este libro, que en un principio se iba a titular *El país de las sonrisas* y que debía centrarse en los países del sudeste asiático. Al final, como las cosas se torcieron con mi editor, pasados seis meses de espera y estancamiento, en vez de aferrarme a mi idea inicial, decidí transformar aquel proyecto en lo que hoy es este libro. Una prueba más de la aceptación del fluir, ya que, después de tanto tiempo, el libro ya no era el mismo, porque yo estaba en otro momento. Sentí que la primera idea se había encallado por algo, así que lo mejor era empezar de nuevo.

Del mismo modo que el libro tuvo sus cambios y avatares, nuestro viaje sufrió un revés en cuanto llegamos, pues al entrar a la habitación del hotel supimos que Gino, el hermano de Teo, acababa de morir. Tenía apenas cincuenta años y la familia estaba destrozada.

Teo llevaba mucho tiempo planeando nuestro viaje, incluso había pedido un crédito para realizarlo. Estaba muy ilusionado con volver a sentirse fotógrafo de viajes después de pasarse unos años inmerso en la rutina y las obligaciones de un padre de familia.

Durante todo el día las llamadas se sucedieron, mientras crecían nuestras dudas sobre qué hacer. Finalmente, le pusieron un billete de vuelta en la mano y para sorpresa mía y de Mariano, el otro compañero fotógrafo, nos dijo que regresaría unos días más tarde, directamente a Yangon. Fue una muestra de entrega y valentía, además de una lección sobre cómo encajar y asumir una situación.

Despedimos a Teo en una tarde lluviosa, con el cuerpo desencajado y el alma partida, pues, Mariano y yo, que nos quedábamos, apenas nos conocíamos y tuvimos que fluir sin nuestro hombre enlace, el nexo que nos había involucrado en el viaje.

Sin embargo, se creó una camaradería inmediata, tal vez como consecuencia de la situación tan dramática que habíamos vivido. Era como si la muerte le hubiera quitado trascendencia a todo, por lo que resultaba absurdo discutir sobre dónde ir, qué comer o cómo pagar o protestar por lo que fuera.

Nos sentíamos unos privilegiados y todo estaba bien. Se lo debíamos al gesto de Teo y a la celebración de seguir vivos en el viaje de la vida. La muerte lo cambia todo y, aunque no hay que temerla, es un profundo recordatorio de la necesidad de fluir.

Carpe diem, vive al día, como si cada amanecer fuera el último. Fluye con lo que viene y adáptate a los cambios frente a lo que es inexorable.

El Tao nos dice que vivir es llegar y morir es volver.

Tal como había prometido, Teo volvió tres días después. Venía ojeroso, descompuesto, casi muerto, pero satisfecho consigo mismo.

Durante aquel viaje por Myanmar, la memoria de su hermano estuvo con nosotros y cada visita a un templo o pagoda tuvo una carga simbólica especial.

Viajar es también una oportunidad excepcional para transitar un duelo. La distancia te ubica en un lugar adecuado para la reflexión, la interiorización y la toma de conciencia, que en cambio no facilitan la rutina y el entorno establecido. En mis viajes a Asia, he podido llorar muertes de seres queridos años después de que hubieran sucedido. Es necesario cumplir, sentir y transitar el duelo, porque, si no, se enquista.

La vida hay que sentirla como un fluir, como ese lugar en el que estamos de paso, cuyo cuerpo es vehículo de un alma que al morir seguirá su curso, fluyendo como las aguas del río.

Al menos así es como la contemplan los orientales.

Cita

«Todo cambia, nada es.»
«Nadie puede bañarse dos veces en el mismo río.»

HERÁCLITO DE ÉFESO

3. La muerte como tránsito y parte de la vida

Sutra: No tener miedo a la muerte

Occidente vive enganchado a la vida y a la eterna juventud, pero la vida es un ciclo con diversas etapas.

Tal como la entienden los orientales, la muerte es el tránsito a otra dimensión, que nos devuelve a la Tierra en una nueva encarnación. El cuerpo y nuestra materia desaparecen, pero no el espíritu o la consciencia. Nos reencarnamos, cargando con el karma de las vidas pasadas. Hay almas viejas y jóvenes, según las vidas por las que uno haya pasado.

El karma está vinculado al poso que dejan nuestras acciones. Si en una vida has sido egoísta y te has despreocupado del sufrimiento de los demás, es probable que en tu reencarnación seas un cuidador, un enfermero o alguien que solo existe para atender a los otros. A eso le llamamos, limpiar karma, y tiene que ver con tus vidas anteriores.

El karma sigue la ley causa-efecto, por lo tanto, aquello que hagas tendrá un poso y, si dejas cuentas pendientes, las deberás resolver en otras vidas o seguir acumulando peso en tu cuerpo kármico.

Los orientales no temen la muerte, porque la entienden como un simple tránsito. Ni siquiera temen la implacable ley del karma, porque, en los países que siguen el budismo o el hinduismo, apenas la cuestionan.

En cambio, el hombre moderno de las sociedades industriales tiene una idea estrictamente lineal y evolutiva del tiempo: la muerte es el final.

Nosotros vivimos queriendo controlarlo todo, incluso la voluntad de no morir, porque nos negamos a aceptar que la naturaleza está por encima de todo. Nuestro ser, al igual que las flores, crece y se marchita para renacer.

Heinrich Zimmer, uno de los primeros estudiosos de la mitología oriental, gran especialista en la India y maestro de ilustres discípulos como Joseph Campbell, lo deja bastante claro cuando habla sobre la eternidad y el tiempo:

«Esta inmensa conciencia del tiempo que trasciende el breve lapso del individuo, incluso la biografía de la especie, es la de la propia naturaleza. La naturaleza conoce, no siglos, sino eras geológicas, eras astronómicas, y está más allá de ellas. Sus hijos son un enjambre de egos; pero le preocupan las especies, y las eras del mundo son el lapso más breve que da a las diversas especies que produce y deja finalmente que mueran (como en el caso de los dinosaurios, los mamuts y las aves gigantes). La India –como la Vida meditando sobre sí misma–, al abordar el problema del tiempo, lo concibe en periodos comparables a los de nuestra astronomía, nuestra geología o nuestra paleontología. Es decir, la India piensa en el tiempo y en sí misma en términos biológicos, en términos de especie, no en términos de ego efímero.»[1]

Zimmer titula este capítulo «El desfile de las hormigas», porque los hombres somos tan solo diminutos seres transitando en la eternidad. Desgraciadamente, después de haber pasado las eras del *Krta Yuga* y *Tetra Yuga*, más perfectas, entramos en el *Dvapara Yuga,* que inició el equilibrio peligroso entre la oscuridad y la luz.

Ahora, estamos de lleno en la edad oscura o *Kali Yuga*, dominada por el egoísmo y la degradación moral. Un tiempo de luchas, disputas y batallas, una especie de apocalipsis en el sentido hindú, que se inició en el año 3102 a.C. Las eras duran unos 400.000 años. La eternidad no tiene comienzo, ni fin.

En el contexto católico o protestante, la muerte es el final de nuestros días, aunque Jesucristo se reencarnó, no hay más vida para nosotros los cristianos. Tan solo la esperanza de ganarnos el cielo si hemos sido buenos.

En cambio, en Asia, el cielo está dentro de ti y no has de esperar a morirte para conocerlo. Allí, cielo, infierno, vida y muerte conviven en un ciclo infinito. Es la rueda de la vida, la danza de Shiva, que simboliza la creación y la destrucción.

1. Heinrich Zimmer. *Mitos y símbolos de la India*. Ed. Siruela, Madrid, 1995, pág. 29.

Debemos aprender a danzar en la vida y abrazar la muerte cuando llegue. Hay que poder mirar de frente a la muerte, con todo el respeto que merece. Los orientales incluso pueden celebrarla con entrega y devoción.

Nunca he olvidado el final de la película *Sueños*, rodada por Kurosawa en sus últimos años. El film se compone de un grupo de cortometrajes o historias cortas. La última de ellas parece su testamento fílmico, en el que nos muestra lo que podría ser su propio entierro. En medio de una naturaleza radiante, bajo el sol de mediodía, una comitiva festiva lleva un ataúd entre cánticos y danzas. Una sinfonía de colores les envuelve. Viven la muerte como una celebración, que se detiene cuando llegan al río. En ese momento, la cámara se aleja del festivo grupo funerario, para mostrarnos unas grandes ruedas de molino que giran con el fluir del agua.

Una bella imagen que simboliza el ciclo eterno de la rueda, que une nuestro nacimiento con la muerte, la que nos transporta del río de la vida al mar infinito del que vinimos.

Oriente me mostró la valentía ante la muerte gracias al cine, con ejemplos como el que acabo de explicar o mediante la figura arquetípica del samurái, ese valeroso guerrero medieval que puebla la filmografía de Kurosawa y, en general, del cine japonés. *Harakiri*, de Kobayasi, muestra de forma magistral la crudeza y serenidad de este ritual, en el que se muere para evitar la deshonra. El samurái, que acaba con su vida haciéndose el *harakiri* o *seppuku,* busca entrar en la otra vida defendiendo su honor.

Recomiendo leer el *Hagakure,* que, junto con el *Bushido*, concentra el código ético y moral del samurái. El libro arranca con esta explícita frase:

> «El camino del samurái reside en la muerte. Ante una decisión crítica, solo queda escoger enseguida la muerte. La elección no es particularmente difícil; solo se necesita tener valor y actuar.»

La muerte exige coraje, y el valor aparece cuando no se tiene miedo a morir. El guerrero que no teme por su vida es el más peligroso, el más recto y quien actúa con mayor decisión.

Ya no quedan samuráis en el Japón actual, pero su valor y conducta se mantuvieron vivos en algunas de las actitudes del ejército japonés durante la Segunda Guerra Mundial.

Esta casta guerrera se extinguió a finales del siglo XIX, pero sus preceptos, basados en el desapego del budismo zen, se mantienen en el subconsciente japonés y pueden servir también de modelo para nuestro mundo occidental, algo que dejo pendiente para otro libro.

La muerte es un tabú en Occidente y en algunos de los países del continente asiático, pero no en la mayoría de los que visité, como Myanmar, Laos o la India, donde se trata de algo público que se puede ver. ¿Quién estando en Benarés no ha visto pasar un grupo de hombres portando un cadáver a hombros, cubierto con un simple velo blanco, cantando el mantra *Satya Hey, Satya Hah* (Dios es la verdad) camino del *main ghat,* donde llevan a cabo la cremación?

Por desgracia, los turistas solo nos interesamos en el morbo de fotografiar las piras funerarias, sin prestar atención al valor terapéutico de un ritual en el que no hay llantos, ni lamentos. Hay dolor por la pérdida, dentro de la aceptación del paso del tiempo y la conciencia de que muerte y nacimiento forman una misma cosa.

En un sentido plenamente budista, nacimiento y muerte no son acontecimientos únicos de la existencia, sino el material mismo de la vida.

La vivencia y el contacto con la muerte resulta absolutamente terapéutico para la aceptación del duelo, así como para despedirse del ser querido que emprende una nueva vida. En Occidente, solo los trabajos de Elisabeth Kübler-Ross, asistiendo a enfermos terminales en los hospitales, y Stephen Levine nos han aproximado a esta necesidad de aceptar y vivir la muerte como algo natural, propio de nuestras vidas. Dentro de la formación de los jóvenes monjes tibetanos está el deber de meditar ante cadáveres durante largos días, para comprender el concepto de la impermanencia.

En casi todas las culturas primitivas, los rituales iniciáticos consisten en la muerte y resurrección del iniciado, que renace habiendo alcanzado una madurez o nuevo estadio en la vida. Cuando se trata de ascetas, seres iluminados o grandes maestros espirituales como Jesucristo, Mahoma o el Buda, regresan de la muerte con una iluminación o conocimiento superior inaprensible, obtenido en el vacío, bajo el árbol de la iluminación, cuando el cuerpo se ha dejado ir, en un trance de inacción próximo a la muerte. Como sabemos, algo parecido sucede con las personas que han vivido experiencias cercanas a la muerte. Los que han tenido un accidente y han visto su vida pasar en apenas unos segundos suelen dar un giro radical a sus vidas. La oscuridad de la muerte les trae la luz de alguna revelación que cambia sus vidas.

No hay que vivir con miedo, sino intensamente en el presente, disfrutando de la vida, conscientes de que la muerte puede llegar en cualquier momento, como parte de nuestra existencia. Así lo establece la *Bhagavad-gita*:

«El espíritu nunca nació y el espíritu nunca dejará de ser.
Nunca fue el tiempo que no fue.
Principio y fin no son nada más que sueños.
Sin origen ni final, inmutable vive el espíritu por siempre.
La muerte ni tan solo le roza.»

Ya he hablado del Japón samurái, pues constituye un territorio fílmico y casi mitológico del morir, y no puedo obviar la trascendencia de la muerte en el contexto de la cultura tibetana. Mi primera experiencia con la muerte se dio en la India, donde pude vivenciarla y verla de cerca. Allí cumplí el duelo de la primera muerte importante de mi entorno familiar más cercano, lloré la muerte simbólica de una casa, en la que eché raíces y viví los terrores inconscientes del miedo a morir.

País/territorio: valle de Parvati (Benarés, India)

La India es la cuna del mundo, un lugar que transpira humanidad y una carga energética que puede llegar a saturar. Tierra milenaria y ancestral, hoy es una amalgama de etnias, sabores y sensaciones, con metrópolis gigantescas, polucionadas y miserables, y en la que conviven la pobreza, el lujo, la velocidad y la pausa. Dinámicamente arrolladora, sensorial y colorista, la India se adora o se odia.

Se comprende casi como un continente, con grandes territorios como el Rajastán, Punjab, Kashmir o las tierras del sur, y en la que caben grandes montañas, ríos y desiertos.

Las comunicaciones son malas, si uno tiene prisa y sentido práctico, si no, en su imprevisible cadencia, el viaje puede ser toda una experiencia reveladora.

Recomiendo visitar el valle de Parvati, un lugar alejado del turismo que tradicionalmente, se concentra en el llamado triángulo del oro (Delhi, Agra, Jaipur) o puntos de los Himalayas indios como Leh y Manali.

Para alcanzar el valle, hay que llegar a Kulú, desde Shimla o Delhi, y desviarse en dirección a Manikharam, por una carretera serpenteante sin asfaltar. Allí, aguarda una pequeña población alineada a lo largo del río, rica en aguas termales y altas cumbres, que ha aportado una interesante mezcla de etnias tibetanas, hindús y nepalís.

El valle de Parvati, con sus montañas de más de tres mil metros, tiene la capacidad de mostrar la inmensidad, el infinito y el silencio. Un entorno que calma la mente y nos ayuda a aparcar nuestro ego ante la inmensidad de un paisaje que te hace sentir minúsculo frente a las grandes creaciones de la naturaleza. Viendo aquel paisaje, comprendes que algún día nosotros no estaremos, pero que todo esto seguirá.

A este recóndito lugar, al abrigo de los Himalayas, se llega por vía terrestre en autobús o parcialmente en tren, pero sin duda hay que abstenerse de conducir por cualquier lugar de la India, dada la peligrosidad. Los más aventureros pueden atreverse con una moto.

Para regresar de Parvati, nosotros tomamos un tren en Ambala, después de pasar por la moderna y racionalista Chandigarh. Íbamos camino de Benarés, y la ruta para alcanzar el tren pasaba por allí. Hay otras opciones más cercanas y caras, como el trenecito de época que baja desde Shimla, pero después de ver la alucinante Chandigarh, no lo cambiaría. La ciudad fue proyectada por Le Corbusier en los años cincuenta y hoy se visita como si fuera un espejismo en mitad del desierto.

El tren de Ambala tardó casi un día en llegar y la distancia hasta Benarés, circunvalando Delhi, era de otras dos jornadas, pero valió la pena. Mi neurosis paranoica vinculada al miedo a morir, que narraré en las páginas siguientes, se fue apagando con la humanidad de aquel tren, que era como un mercado ambulante rebosante de vida. Familias numerosas, niños y niñas bajando del tren, vendedores sirviendo *chai*, platos de *dahl*, especias o maquinillas de afeitar... Aquello era un espectáculo incesante, que compensaba las muchas horas de viaje y el calor asfixiante.

A Benarés se puede llegar por aire o en tren, aunque lo importante no es el medio de transporte, sino cómo uno llega a la que es una de las ciudades sagradas más importantes de la India. El lugar donde todo hinduista viene a morir y donde, al menos una vez en la vida, hay que sumergirse en las aguas del río Ganges.

Mi recomendación es llegar a Benarés con el corazón abierto, sintiendo las emociones y con los sentidos despiertos, para empaparse de sus esencias.

El espectáculo del amanecer en el *main ghat*, con la luz dorada sobre las aguas, los cuerpos curtidos por el sol realizando baños rituales, el color de las ropas que la gente viene a limpiar en la ribera del río y el aroma del incienso mezclado con las cenizas de los crematorios, donde se incinera a los muertos, resulta sobrecogedor.

Benarés y el valle de Parvati son lugares en los que se pueden sentir y percibir las vibraciones de una tierra milenaria que te conecta con el origen de la vida y el lugar al que todos regresamos al morir.

Vivencias

Mi primer viaje a Asia fue un encuentro con la muerte. Entonces no lo sabía, aparentemente iba a rodar un documental, pero no fue así.

Después de un viaje de una jornada y media por carretera, llegué al valle de Parvati procedente de Rishikesh. Venía de hacer una serie de entrevistas en la llamada capital del yoga y durante el trayecto mi cabeza empezó a gestar una neurosis, cargada de terrores inconscientes vinculados al miedo a morir.

Una serpiente cruzó en mitad de nuestro camino y el taxista que nos llevaba decidió dar marcha atrás y enviarnos en otro vehículo. Aquello para mí tuvo una carga simbólica importante y mi mente se puso a tramar que algo pasaba y que no podía ser bueno.

La serpiente, según explica Zimmer en su libro de mitología que he citado antes, es uno de los animales más venerados en la India, que aparece continuamente en su iconografía, por ejemplo, rodeando la cabeza del dios Visnu. La serpiente de cabeza múltiple o *ananta* se asocia con el infinito, aquello que queda después de haberse formado las aguas cósmicas del abismo de la tierra, las regiones superiores e infernales, así como todos los seres.

Se la conoce como *sesa naga,* la serpiente que vive en los mundos subacuáticos (mares o ríos) y simboliza al guardián de la energía vital de estos lugares. También adopta esta forma como representación de la energía *kundalini,* enroscada entorno a una columna. Una imagen similar a la de Esculapio, el dios de la medicina griega, que llega hasta nuestros días.

Alain Daniélou, viajero, sanscritista y especialista en cultura hindú, sostiene en su libro *Dioses y mitos de la India* que la serpiente *Ananta* es aquella que no tiene fin y representa «la naturaleza no evolucionada, la totalidad de las primeras fases de la conciencia, la eternidad de las revoluciones sin fin del tiempo».

En cambio, *sesa naga* es «el rey de las serpientes», las siempre movientes que representan los ciclos del tiempo. Reina en el mundo infernal o *Pâtâla o Naraka*. Bajo tierra habita esta serpiente sin fin, feroz, que gobierna el reino de los reptiles.

«Cuando el Sin-fin (Ananta), con los ojos embriagados, bosteza, la tierra, con sus océanos y sus bosques, tiembla» (*Visnu Purana*, 2, 5, 23). *Mahabharata*, I, 36.

«Al final de cada periodo cósmico, la serpiente vomita el fuego ardiente de la destrucción, que devora toda la creación» (Ibíd., 2, 5, 19).

La serpiente guarda puertas y umbrales, pudiendo constituir un animal de protección, pese a que en nuestra cultura tendemos a verla como antagonista, ser al que hay que vencer.

Hay una bella leyenda vinculada a la historia del Buda en la que se explica que, después de meditar siete días a los pies del árbol de *Bodhi* o de la iluminación, el Buda pasó el mismo tiempo bajo la gran higuera de Bengala, para finalmente meditar en el árbol de Mucalinda o el rey serpiente.

La gran cobra vivía entre las raíces y, cuando supo que se preparaba una gran tormenta, salió para enroscarse siete veces con sus anillos en el cuerpo del iluminado, protegiendo con su enorme capuchón de serpiente la cabeza del Buda como si fuera un paraguas. Pasados los sietes días de meditación entre lluvias y viento frío, la serpiente se desenroscó y se transformó en un joven que, con las manos en la frente, se inclinó para adorar al salvador del mundo.

Esta imagen del Buda y la serpiente Mucalinda puede verse en muchas de las esculturas del periodo *mon* y *khmer* que se encuentran por el antiguo reino de Siam (Thailandia) y Camboya. Sin duda, constituyen unas de las obras más bellas de todo el arte budista. En ellas, la serpiente simboliza la fuerza vital que permite el nacimiento y renacimiento. Mientras que el Buda es el salvador que vence el deseo ciego de la vida y el liberador de las ataduras del nacimiento. Aquel que señala el camino de lo imperecedero y eterno en su fusión con la gran serpiente cobra.

La serpiente que se cruzó en mi camino marcó una puerta o umbral. Aquel que separaba mi mundo cotidiano de la seguridad, del de la oscuridad y las profundidades de mi mente. Por desgracia, esta tiende a gobernarnos y en aquel momento mi cabeza estaba sufriendo un ataque de paranoia, vinculado al contenido de las entrevistas que había realizado para el documental y, especialmente, a las angustias que traía conmigo.

Uno de los personajes entrevistados se hacía llamar Satya, como uno de los dioses del panteón hinduista. Según él, yo era un viejo que en otra vida le había dado agua en el bosque cuando estaba moribundo. Su compañera, Kali, parecía la reencarnación de la diosa a la que se realizaban sacrificios humanos hasta hace algunos años.

En aquella ocasión, mi cinefilia no acudía al rescate como otras veces, por el contrario, agravaba mis terrores inconscientes con las infantiles imágenes de *Indiana Jones y el templo maldito* transformadas en verdadera y sentida pesadilla. Gran parte de la película transcurre en una gruta en la que se celebran sacrificios humanos en honor a esta diosa negra y terrorífica, consorte de Shiva. Pura energía *shakti*, madre universal, destructora de miedos y demonios.

En mi caso, más que destruirlos, los activó en una especie de conspiración paranoica en la que solo faltaba el recuerdo de aquel gurú que introdujo su uña en mi ombligo y que me produjo la sensación de haber recibido una punzada. Creí que algo había sido introducido en mi organismo y que había sido enviado al valle de Parvati para morir.

En mi fantasía, lo que llevaba dentro era la serpiente, la misma que vi en otra memoria fílmica, más reciente, en la que Neo (*Matrix*), para renacer como héroe, sufre una inmersión en las profundidades de las aguas oscuras y la extracción de una gran *naga* que surge de su vientre.

Mi mente estaba completamente fuera de sí, como una batidora enloquecida que irrigaba pedazos de memoria y fantasía, atando cabos para tejer una trama absurda y paranoica. No podía comprender que, probablemente, lo que significaba aquella serpiente en mi camino, no era más que el final de una etapa. Un cambio en mi vida provocado por la muerte del abuelo, que fue como un padre y que me había dado su protección. El cambio suponía transitar por la vida sin red de seguridad, adoptando un nuevo rol, pero nos aferramos a las viejas costumbres y no queremos cambiar. Aquella era mi resistencia.

> Puesto que todo cambio es un morir, al buscar la estabilidad, lo que el Viajero busca es emanciparse de la inconstancia (*anicca*) de la vida y del pensamiento.[2]

La frase es de Ananda Coomaraswamy, en su ensayo *El tiempo y la eternidad*.

Ciertamente, vamos en busca de la estabilidad y nos aterra la inconstancia y el cambio permanente, pero no podemos escapar de la muerte biológica, ni tampoco del final de las etapas de la vida, que mutan como las estaciones, siguiendo el curso de la naturaleza.

Según Chögyam Trungpa, maestro y autor de diversos libros sobre budismo que emigró a Estados Unidos a mitad del siglo xx, para redescubrirte a ti mismo y avanzar en tu camino hacia el *dharma*, deben morir todas esas cosas del pasado que actúan como obstáculos. Las viejas ideas, costumbres y valores que te atan a tu ego y te hacen envejecer deben perecer para que puedas renacer como la serpiente que abandona su piel ya marchita. Este es el camino para trascender el ego y redescubrir la plena juventud, que te conecta con tu *dharma*. No es una juventud cronológica, sino de retorno a la esencia que hay

---

2. Ananda Coomaraswamy. *El tiempo y la eternidad*. Editorial Kairós, Barcelona, 1999, pág. 32.

en ti. En el contexto del budismo Mahayana, el camino más profundo se transita conquistando la compasión y perdiendo el sentido de identidad o ego.

Sin duda, me estaba resistiendo a aceptar los cambios, a desprenderme de la persona que había sido hasta entonces. En el fondo, lo que allí moría simbólicamente era el niño Alexis.

La idea de que iba a morir seguía rondando mi cabeza, hasta que me dieron a probar opio, una noche, ya en la bonita localidad de Manikharam, asentada en la cuenca del río que da nombre al valle. Aquella droga abrió las puertas de mi percepción y me puso por delante los terrores que llevaba conmigo, fruto de las muertes recientes en mi familia y de las inseguridades que arrastraba.

Fue como si se me apareciera Yama, el dios hindú que, según los Vedas, encarna al primer ancestro, al rey de nuestros antepasados. Veía a un ser siniestro, oscuro y terrible que habitaba en las regiones infernales, juzgando a los muertos que sus mensajeros arrastraban hasta su trono. Entre ellos estaba mi abuelo, incluso me vi a mí mismo, pues sin ser consciente había cerrado la puerta a la muerte y al dolor. Hasta entonces los había evitado, pero allí arriba, en el valle de Parvati, lejos de todo y de todos, mi personaje cedió, mi corazón se partió y mi máscara de «no pasa nada, puedo con todo» se rompió en pedazos. Me vi cargado de monstruos y demonios.

Era horrible, pero pude morir simbólicamente hablando y descubrir que en mí habitaba un alma, una conciencia o una parte espiritual que pedía ser escuchada.

Ram Dass habla de algo similar cuando vincula la muerte con sus experiencias con el LSD.

«En aquellos viajes con ácido, así como meditando, experimenté que el Alma no está en mi cuerpo y que no se halla limitada por él. Aunque el cuerpo muere, sé que la conciencia sigue su camino. Ahora creo que mi muerte será como un viaje de ácido con mi gurú al final del trayecto. Pasaré por algunas experiencias difíciles, y, al final, él me estará esperando. No creo que sea algo traumático, ya que mi gurú y yo estamos unidos mediante el Alma.»[3]

Caminaba por Manikharam como un zombi, en un no espacio, sin apenas energía, consumido por mi miedo inconsciente.

Recuerdo la mirada de un anciano que presenciaba mi angustia. Fue como si se metiera dentro de mi cuerpo, explorara mi alma y saliera con toda la información sobre mi ser. Al pasar por la calle, sentí la mirada de dos hombres y escuché su comentario: «Fíjate todas las almas viejas tienen el mismo rostro».

Entré en un espacio desconocido, poseído por la paranoia y el miedo a morir. La serpiente que quería renacer estaba siendo devorada por el dragón. Se me aceleró el pulso y la respiración. Durante tres eternos días, sentí que me faltaba el aire y lo pasé fatal, inmerso en una oscuridad que no me dejaba ver.

3. Ram Dass. *Aquí todavía*. Editorial Kairós, Barcelona, 2002, pág. 164.

Desde la distancia, lo contemplo como el rito de paso que me llevó de la juventud a la madurez. La muerte de mi abuelo no mató completamente al niño que llevo dentro, pero suprimió para siempre la burbuja que me rodeaba y su red de seguridad.

En la tarde que subimos a la aldea de Kalga, a unos tres mil metros, ante la falta de oxígeno y la deslumbrante belleza del cielo azul sobre los campos de flores, mi cabeza dejó de maquinar. El silencio de las cumbres la dejó muda. Rompí a llorar, con un llanto prolongado y ahogado que había estado mucho tiempo callado en mi interior. Mi corazón se liberó, transformando el dolor en gratitud y, al fin, pude despedir a mi abuelo.

Cuando entré en la cueva de Parvati, la diosa consorte de Shiva, el gran destructor y regenerador, fui presa del vértigo y tuve conciencia de la inmensidad temporal, del origen de los tiempos. La caverna me devolvió al útero, al estado primigenio, a la oscuridad de la que procedemos.

En su interior reviví miedos ancestrales e infantiles, como el temor a la oscuridad y a quedarme encerrado. Las paredes transpiraban el sudor de la tierra, y la luz no podía alcanzar las profundidades de aquella gruta, a la que los devotos iban a pedir fertilidad para sus vidas.

Tradicionalmente, la cueva representa la muerte y la resurrección, el tránsito de la oscuridad a la luz: el ciclo de la vida.

No somos nada, tan solo una partícula de polvo en mitad de un desierto. Un anillo en el corazón del tronco de un ár-

La muerte como tránsito y parte de la vida   **83**

bol centenario. Estamos de paso. Unos vienen y otros se van, pero la muerte no es el fin, sino el principio de un nuevo ciclo. Al final hice mía una de las grandes máximas de las filosofías orientales, que me ayudó a superar aquella neurosis paranoica.

Muere el cuerpo, la materia, pero el espíritu transmutado en energía se fusiona con el universo para a volver manifestarse en otra forma, en una nueva vida, portando la carga kármica de las vidas anteriores.

Monje anciano camino de Leh, meseta tibetana en la India.

Así lo concibe el *Bardo Thödol*, conocido como *Libro tibetano de los muertos*, uno de los textos más enigmáticos de la sabiduría oriental, que parte de la escuela esotérica Vajrayana, del budismo tibetano. En él se hace una descripción detallada de cómo guiar al difunto en los cuarenta y nueve días posteriores a su muerte, para que pueda liberarse de su yo metafísico, sometido a su karma personal durante el estado intermedio.

Los cuarenta y nueve días o etapas comprenden desde la agonía previa a la muerte, al momento de la reencarnación, si no se consigue la deseada iluminación que conduce al *samsara* que te libera de la rueda de reencarnaciones infinitas.

Un error común propio de los que no somos orientales es creer que la reencarnación es un premio, porque lo asociamos con la vida eterna. Sin embargo, lo que ansía todo budista, jainista o hinduista es alcanzar el *samsara* o el nirvana, donde te liberas del sufrimiento y del ciclo de renacimientos.

El texto del *Bardo Thödol*, recuperado en Occidente durante el siglo XX, fue muy popular en los años sesenta, como complemento a los viajes en ácido.

El tránsito del difunto y sus visiones parecen tener muchas analogías con los estados de trance psicodélico.

Al morir, el viaje no es un tránsito placentero, ya que antes de alcanzar la reencarnación, el difunto pasa momentos apocalípticos, con visiones terroríficas como las que se describen a continuación.

«Oirás ruidos como avalanchas, de maremotos, de incendios, de huracanes. Aterrorizado por todo ello, intentarás huir por todos los medios. Pero tres abismos interrumpirán tu camino: uno blanco, uno rojo y otro negro; quiebras profundas y espantosas en las que estarás a punto de precipitarte. ¡Oh, hijo predilecto! No se trata de abismos, en realidad, son la cólera, el apetito sensual y la nesciencia espiritual.»

Pero al final del tránsito se encuentra la luz...

«¡Abandona definitivamente todo apego y afección por aquellos allegados tuyos que te han sobrevivido, por tus hijos e hijas, por tus parientes! ¡Ya no pueden beneficiarte! ¡Penetra ahora en la visión de la luz azulenca del género humano o en la luz blancuzca de las deidades! ¡Penetra en las moradas confortables preciosas y en los parques ajardinados!»

No hay que temer la muerte porque es parte de la vida. La una no se entiende sin la otra, como se cree en la mayoría de filosofías orientales, las polaridades se tocan. Todo está interconectado.

Así lo establece una de las más máximas más populares del *Majjhima-nikaya*:

«Todo aquello que posee la naturaleza de surgir y nacer posee la naturaleza de cesar y morir».

La muerte es parte de la vida, sin una no existe la otra. Un ser, una cosa o un sistema, que surge de nuevo con la naturaleza de existir, lleva consigo la semilla de su propio cese o destrucción, aunque hay una parte que no desaparece del todo.

> «Cuando este cuerpo físico ya no puede funcionar, las energías no mueren con él, sino que continúan tomando otra forma que llamamos otra vida...
>
> Y no hay nada permanente o sustancia que no cambie, nada pasa de un momento al siguiente. Por tanto, nada permanente o inmutable puede pasar o transmigrar de una vida a la siguiente. Es una cadena que continúa sin romperse, en la que los cambios suceden en cada momento. Esta cadena o serie es, en realidad, nada más que movimiento. Es como una llama que quema durante toda la noche: no es la misma llama. Al igual que el niño que crece hasta convertirse en un hombre de sesenta años no es la misma persona.»[4]

Aquí vemos el concepto de impermanencia budista aplicado al morir, y la reencarnación tal como la explica el monje ceilandés Walpola Rahula en su clarificador libro *What the Buddha Taught*, una de las lecturas más recomendables para iniciarse en esta disciplina. Los budistas practican la doctrina del *Anatta* o no alma que plantea una duda evidente: si no existe el alma, ni nada eterno, ¿qué es entonces lo que pasa a la otra vida, lo que llevamos con nosotros al renacer?

4. Walpola Rahula. *What the Buddha Taught*. Gordon Fraser G, Londres, 1990 (1ª 59), pág. 33.

Según el budismo, lo que va con nosotros no es el alma, sino nuestra conciencia o energía que está en permanente cambio. Al no haber ego, ni identidad, lo que llevamos a la otra vida no es una conciencia en el sentido de «Yo» o memoria personal, sino un conjunto de fuerzas y energías que forman parte del ser humano. No somos tan solo un cuerpo físico.

La muerte, en términos budistas, se entiende como el cese del funcionamiento de las energías físicas, pero ¿se detienen todas las energías que forman parte del ser humano cuando el cuerpo deja de funcionar? La respuesta es no.

Hay una tremenda fuerza y un deseo de proseguir viviendo que mueve vidas, existencias, incluso el mundo entero. Según el budismo, esta fuerza es la que nos lleva a la reencarnación.

Esta fuerza puede estar incluso en androides humanizados, como demuestra la fascinante película *Blade Runner,* en la que la reinterpretación del mito de Prometeo y la figura de Frankenstein cobra vida en Nexus 6, el replicante que quiere vivir más. Por eso regresa a la Tierra, para decirle a su padre creador, un científico experto en neurociencia, que quiere vivir más. Muere amando la vida y valorando la importancia de haber brillado con luz e intensidad propia. Nunca lo he olvidado. Tenía doce años cuando la vi en el cine y aquella bella forma de morir me dejó clavado en la butaca. El monólogo que la acompaña forma parte del inconsciente colectivo de toda una generación. Debe ser precioso morir con la satisfacción de haber vivido plenamente.

Después de la vida no sabemos qué vendrá, pero si crees que la muerte es un callejón sin salida, vivirás siempre con miedo.

Hoy en día, la mayor longevidad de la población, el culto a la juventud y los avances de la medicina parecen imponer el ansia de vivir, pero hay que estar preparados para morir. Cada pérdida de un ser querido es una lección para aprender a morir, una preparación o una forma de avanzar en ese difícil camino del saber morir.

David Bowie ha sido un modelo de cómo abrazar la muerte y estar preparado cuando llega. Al saber que se iba, quiso despedirse con un nuevo disco, sin hacer ruido, sin imágenes morbosas, simplemente con aquello que mejor sabía hacer y que constituía su *dharma*.

También recuerdo a una anciana, abuela de mi mejor amigo de la infancia, sentada en su sillita de mimbre, junto a la puerta de la casa rural en Sant Martí d'Empúries. Cada día, podía ver el golfo de Rosas y el mar Mediterráneo en todo su esplendor. Siempre vestida de negro por ser viuda, y soportando nuestras gamberradas infantiles con estoicidad, hasta que un día nos dijo: «*Fillets, ja en tinc prou*» (Niños, ya tengo bastante). Y al atardecer se apagó como un pajarito, yaciendo plácidamente en su sillita. Me gustaría morirme así, pero no sé si podré alcanzar esa maestría.

Según la tradición hinduista, Benarés es el lugar al que se va a morir. Allí se celebran rituales funerarios públicos en los que la muerte no es un tabú, sino algo natural. Somos los turistas, con nuestros miedos y nuestro morbo, quienes lo convertimos en un espectáculo que deseamos fotografiar con nuestras cámaras. Si logras salir de esta tendencia y vives la realidad de lo que está ocurriendo, Benarés te enseña a ver y vivenciar la muerte en todo su esplendor.

Allí, el tránsito entre la vida y la muerte se concentra en el río Ganges, cuyas aguas sagradas, algo sucias y revueltas, reciben las cenizas de los cuerpos, que acaban de ser inhumados en piras funerarias. Bella y desgastada ciudad milenaria, que transpira la humanidad de cuantos viajeros y peregrinos la han visitado. Lugar de amaneceres increíbles sobre las aguas y crepúsculos funerarios en el cielo.

En Benarés, la muerte está presente en las calles, donde, a paso ligero, los muertos caminan sobre camillas llevadas a hombros por pequeñas comitivas. Con cada paso, baten las campanas y saltan algunas flores, hasta que el cadáver llega al embarcadero junto al río.

La cremación es un culto que hindúes y jainistas realizan desde la antigüedad. En el crematorio, los Doms, una de las castas más bajas por estar en contacto con los cadáveres, se ocupan de la cremación. La familia está presente, con el hijo mayor ejerciendo de nuevo cabecilla. Este circunvala tres veces al difunto, antes de trepanarle o romperle simbólicamente el cráneo, para que su alma pueda salir.

A partir de ese momento, ya se puede encender la pira funeraria, que arde durante varias horas, mientras la familia la contempla en silencio, sin llantos.

Cuando acaba la cremación, los que han participado se bañan en el Ganges como ritual de purificación.

Durante diez días, la familia del difunto se considera impura. Al acabar este periodo, celebrarán una gran comida con invitados y no podrán asistir a ninguna otra celebración durante todo el año siguiente.

Como explica Álvaro Enterría en su libro *La India por dentro,* la muerte de los familiares se conmemora cada año, llevando parte de las cenizas a un río sagrado, que no siempre tiene que ser el Ganges.

Al igual que en nuestra cultura cristiana, en la que celebramos el día de difuntos entre octubre y noviembre, los hindúes realizan ceremonias en honor de sus antepasados.

Caerá la noche y amanecerá el nuevo día con aquellos que vienen a bañarse en las aguas del sagrado Ganges. Niños, ancianos y mujeres repetirán el ritual de cada día, bañándose, vertiendo jarras de agua sobre su cabeza. Celebrando la vida, en un espectáculo colorista y ritual que nos prepara para morir.

Quien no ha estado en Benarés no conoce la India, ni tampoco la muerte en su forma más ritual y ancestral.

En mi caso, puedo decir que no asistí a ninguna cremación por puro respeto y devoción. Después de todo lo que había vivido en aquel viaje, que me llevó del infierno de mi experiencia en el valle de Parvati al renacimiento en el tren de Ambala, Benarés fue la trascendencia, la gratitud con los antepasados y el respeto por un lugar que transpira eternidad.

Llevo conmigo imágenes que apenas puedo transmitir. Son más que instantáneas o bellos recuerdos...

Sensaciones que drenan todavía hoy en mi conciencia, porque nunca aprendemos a morir y apenas sabemos cómo vivir.

Lo trascendente te alcanza si visitas Benarés, y la muerte se convierte en algo más cercano, pero no por ello más temido.

Lo dice la *Bhavadad-gita*: «Todo lo que nace debe morir y todo lo que muere debe nacer».

Cita

«He visto cosas que vosotros no creeríais.
Atacar naves en llamas más allá de Orión.
He visto Rayos-C brillar en la oscuridad,
cerca de la puerta de Tannhäuser.
Todos esos momentos se perderán en el tiempo...
como lágrimas en la lluvia.
Es hora de morir.»

Roy (Nexus 6)
en el film *Blade Runner*

4. *Be, Here, Now*

Sutra: **El aquí y ahora lo es todo**

Estar aquí y ahora en el presente es una de las principales enseñanzas del budismo zen japonés y del mindfulness, que proviene de la meditación *vipassana* que se practica en Thailandia y el Tíbet.

En Occidente, el maestro vietnamita Thich Nhat Hnah, afincado en Francia, es uno de sus grandes difusores. Anteriormente, durante los rebeldes años sesenta, miembros de la contracultura americana como Richard Alpert acabaron en la India. Sin billete de regreso, se convirtió en baba Ram Dass y escribió un libro que se llamó *Be, Here, Now*.

Esta es una de las máximas o eslóganes contraculturales que más me caló, aunque con el tiempo fui comprobando que es muy difícil de aplicar.

Como plantea Thich Nhat Hnah, nuestra mente siempre está escindida de nuestro cuerpo y tiende a irse al pasado o al futuro Este maestro recomienda, entre otras técnicas, la respiración *mindful*:

«Inhalas y exhalas de forma consciente, sabes que estás realmente aquí. Nuestro cuerpo también está aquí, pero nuestra mente está en cualquier otro lugar. Tal vez estemos con arrepentimientos del pasado, con preocupaciones sobre el futuro o tramando planes, con iras o envidias. De modo que tu mente no está realmente aquí, en el mismo lugar que está tu cuerpo.»[1]

Esta disociación tan característica de casi todos los que habitamos en sociedades industrializadas, nos impide estar en presencia consciente.

Nuestro mundo moderno nos ha hecho multitareas, habituándonos a no prestar atención a lo que hacemos. Si cocinamos, miramos también la tele; si estamos en el cine, estamos pendientes del móvil; si conducimos, escuchamos también la radio; si andamos por la calle, vamos mirando la pantalla del móvil, que parece nuestro nuevo culto de adoración. Hacemos lo que sea con tal de no prestar atención a una cosa, así que perdemos la conciencia de lo que estamos haciendo. Probablemente, nos sentimos más importantes haciendo muchas cosas, sin darnos cuenta de que esto nos neurotiza, nos saca de la realidad y de lo que está sucediendo. Lo importante es estar con una presencia consciente, en la que prestamos atención a todo lo que nos rodea, a lo que sucede y a lo que es obvio y más real.

---

1. Thich Nhat Hanh. *True Love*. Shambala, Boston, 1997, pág. 7.

Entendido de esta forma, se puede meditar en presente, escuchando nuestra respiración o simplemente lavando platos, llevando la atención a la temperatura del agua en nuestras manos, a los sonidos que nos acompañan, a la simple acción de aplicar jabón. Así, podemos vivir en el presente, no pensando en qué haremos después cuando acabemos, iniciando una angustiosa cadena de planificaciones, que nos impiden disfrutar el momento.

Cuando vives en el presente, disfrutas de cuanto sucede y, como dice un apreciado amigo mío, profesor de taichí, es básico que podamos estar en el momento presente para poner conciencia en nuestro entorno y observar cuál es nuestra relación con él. Precisamente, eso es lo que el *tai* genera entre el practicante y el *chi* o energía de la naturaleza circundante. En un sentido más amplio, simplemente se trata de comprender que, si estás en el presente, te enteras de lo que pasa a tu alrededor e interactúas, generas una relación, un *feedback*. La antítesis más clara es la acción de ir por la vida con un móvil que te convierte en un zombi, aislado de cuanto sucede más allá de la pantalla.

En un lugar como Cuba, a mediados de la década de los 1990, sin móviles y con apenas tecnología que me pudiera distraer, empecé a poner en práctica el vivir en el presente. Allí tampoco es posible trazar planes, porque siempre llegas tarde o pasa algo que cambia lo que habías previsto.

El país caribeño me enseñó que o te dejas llevar y vives el presente o, si actúas pensando que todo plan va cumplirse con precisión alemana, estás perdido. Lo alemán me lo enseñó mi querido abuelo. El bendito caos, me lo mostró Cuba, y le estaré eternamente agradecido.

La terapia Gestalt tiene el vivir en el presente como uno de sus mayores preceptos, y al finalizar mi ciclo superior, me he dado cuenta de que llevo años practicando para aprender a estar aquí y ahora. No es nada fácil, pero pongo todo mi empeño. Como en los años sesenta propuso Fritz Perls, esto de actuar desde lo obvio, en presente, aquí y ahora, puede traerte muchos beneficios y cambiar la forma de relacionarte contigo y con el mundo.

Pepita, una de las formadoras del Institut Gestalt, nos enseñó a dar una palmada cada vez que te vas al pasado y un chasquido con los dedos cuando la mente se va al futuro. Un ejercicio muy simple que invito a practicar, ya que rápidamente te das cuenta de lo poco que estamos en el presente. Cuando nos vamos más allá del aquí y el ahora, nos perdemos la experiencia y la oportunidad de vivir plenamente.

Soy consciente de que hay momentos en los que uno querría huir y escapar de un presente cruel, en el que aparece el dolor o la tristeza. Muchos hemos adoptado esta estrategia para no contactar con las emociones que no deseamos o que nos provocan dolor. Sin embargo, si no las vivimos, estas emociones se enquistan y nos acompañan de forma subconsciente, contribuyendo a nuestra neurosis.

Hay que tratar de vivir cuanto venga en el presente, sea dolor o tragedia. Si se pasa por ello, no quedará nada pendiente, y estaremos más sanos.

Del mismo modo, cuando uno vive consciente de situaciones de alegría, no lamentará el no haber valorado y aprovechado ese momento.

Ram Dass lo expone con ironía y en forma de eslogan pop en su libro *Be, Here, Now*.

«EL CAMINO es LA ARMONÍA DEL UNIVERSO.

Cuando uno se adentra en el espíritu,

cuando uno ve cómo es,

uno entiende qué hay detrás de todas las diferencias individuales

(Hombre-Mujer/Grande-Pequeño/Viejo-Joven/Bueno-Malo).

Todo lo que puedas pensar etiquetar

se convierte en fondo en vez de figura.

Lo que se hace evidente es:

QUE ESTAMOS

AQUÍ y AHORA.

ESTO ES TODO LO QUE ES.

Y si no es bonito, hombre,

no hay nada.

Entonces te dices: bueno, no puedo tener algo bonito o placentero ahora, pero luego, cuando llegue a casa y cenemos, ya será bonito.

EL MAÑANA NO EXISTE.»[2]

2. Ram Dass. *Be, Here, Now*. Lama Foundation, Nuevo México, 1971. pág. 31.

Los Beatles lo llamaron *Tomorrow Never Knows,* en una canción compuesta por George Harrison. El mañana nunca lo sabe o, como plantea Ram Dass, si el presente te trae algo que no te gusta no puedes irte al futuro, pensando que será más agradable. El futuro no existe; la vida transcurre en el aquí y el ahora.

Aquí, en Occidente, tendemos a separar nuestros momentos en buenos y malos.

En Asia no hay bueno o malo. La visión es más neutra, todo depende del prisma con que se mira. A esa neutralidad o vacío fértil se llega mediante la meditación, esa práctica de escuchar y concentrarse en la respiración para calmar las olas de la mente y poder relacionarte con ella. Meditar no es aniquilar la mente, sino poder escucharla desde la neutralidad.

Thich Nhat Hanh dice que meditar es traer el cuerpo y la mente de retorno al momento presente, de forma que no pierdas tu compromiso con la vida. Estar en el presente es prestar atención, además el aquí y el ahora tienen la capacidad de desprogramarnos.

Cuando vives el presente, no puedes planear, ni obsesionarte con tu agenda semanal o mensual. La inmediatez te hace estar atento a lo que venga, aceptarlo y adaptarte. La planificación conlleva expectativas y frustración, cuando estas no se cumplen.

El vivir desde el aquí y el ahora no supone la ausencia absoluta de una agenda o no poder tener la más mínima previsión. Si uno es médico, tendrá unas visitas programadas, al igual que los que somos profesores tenemos unas horas fijadas para dar clase. Lo que cambia o resulta diferencial es cómo abordamos esa agenda estando en el aquí y el ahora. Se trata de estar atento a lo que está sucediendo en el momento presente, por mucho que luego tengamos otra visita o una clase de cine clásico que impartir. Si ponemos la atención en lo que está sucediendo, evitamos la dispersión mental que nos pierde, y también esa hiperactividad mental que nos saca de lo real para meternos en la neurosis y el estrés. Además, en el aquí y el ahora todo se vive más intensamente.

En mi experiencia como viajero, además de en Cuba, fue en Vietnam donde aprendí a vivir en el aquí y el ahora. No porque diera con el sabio Thich Nhat Hanh, sino porque allí todos mis planes se fueron al garete. El talante vietnamita no ayudaba, ni tampoco el clima o el mapa de carreteras. Si queríamos viajar en tren, nos decían que estaba lleno. Cuando íbamos en autobús, el trayecto de ocho horas se convertía en dieciséis. Perdimos los nervios tantas veces que al final me reencontré con la práctica de vivir el presente, sin planificar y sin esperar cumplir ningún tipo de plan.

Hoy sigo luchando por vivir en el aquí y el ahora, así que agradezco a Vietnam que me puso contra las cuerdas y me ayudó a desprogramarme. Solo siento que la modernidad y el progreso resten parte del encanto de un país tan auténtico, tamizado por un comunismo casi mitológico.

País/territorio: Vietnam

Vietnam es como un gran cocodrilo estirado sobre la ribera de un río, de forma alargada y levemente curva. En el este, posee miles de kilómetros de costa, y montañas en gran parte del oeste y en el norte. En el sur, se encuentra la vitalidad de la desembocadura del Mekong, ese gran río que cruza diversos países asiáticos, rompiendo fronteras.

Para todo occidental, el recuerdo de la guerra que los norvietnamitas ganaron a Estados Unidos está muy presente gracias al cine de Hollywood que nos hizo creer la tragedia americana con films tan emblemáticos como *El cazador*, *Apocalypse Now* o *Platoon*.

Cuando llegas a Vietnam, te das cuenta de que toda guerra es cruel y que lo que te habían contado es tan solo una visión de la historia. Los vietnamitas perdieron casi a la mitad de su población y sufrieron lo indecible. Esto es algo que no han olvidado, por mucho que se abran a los beneficios económicos del turismo.

Hoy Vietnam vive bajo un régimen democrático de corte comunista, heredero de los tiempos de Ho Chi Minh, el líder que derrotó a los americanos y que triunfó desde sus posiciones del norte, en Hanói. Al sur, Saigón, históricamente vinculada a los americanos y más capitalista, es hoy su metrópoli más desarrollada. Sus calles son un increíble enjambre de motos que sustituyen a las tradicionales bicicletas.

Estamos ante uno de los países más jóvenes y dinámicos de Asia, en el que se impone la modernidad bien entendida, aunque está presente la amenaza de la polución y la sobreexplotación de lugares turísticos como la bahía de Halong.

Vietnam se recorre de punta a punta, de forma transversal. En mi caso, siempre lo hago de norte a sur, porque me gusta más el exotismo del viejo comunismo de Hanói que la modernidad globalizada de Saigón.

La mejor forma de moverse es combinando tren con autobús, pero hay que ser paciente y estar preparado para algún que otro engaño en los tiempos e itinerarios. En Vietnam, zona capital de la antigua Indochina, te enredan como un chino. La opción de tomar algún avión no es mala, teniendo en cuenta que gran parte de su paisaje son llanos monótonos, entre campos de arroz y marismas.

Las zonas montañosas del oeste resultan bastante intransitables y peligrosas por los campos de minas que perduran desde la guerra.

Al norte, en dirección a China, hay cómodas excursiones a Sapa desde Hanói, con poblados de etnias locales y artesanía local, en un bonito enclave montañoso. Se viaja en tren de noche o en vehículo por la nueva autopista. También se puede alquilar una moto y perderse por las montañas.

La bahía de Halong es una de las visitas obligadas de Vietnam, con su icónica imagen de los cientos de islotes salpicados entre el mar de China. Antiguo refugio de piratas, el lugar es hoy un avispero de turistas concentrados en múltiples embarcaciones que transitan en fila india sobre las aguas. Pese a la masificación, vale la pena recorrer las cinco horas desde

Hanói para conocer este enclave, que en noches de luna llena sigue preservando parte de su encanto.

Sin duda, Hanói es mi ciudad preferida con sus lagos y aires de antigua ciudad colonial venida a menos. El eclecticismo de su arquitectura no hace de ella una ciudad bonita, pero posee mucho encanto, bullicio y humanidad. No hay excesiva polución, aunque hay que estar dispuesto a pasar bastante calor.

En cuanto a sus playas, Vietnam resulta espectacular, con mares turquesa y aguas transparentes, tanto en los lugares más protegidos y bellos como Hoi Ann, o en las ciudades costeras plenamente turísticas como Nah Trang, así como en enclaves de selectos complejos turísticos como Mui Ne. El clima tropical asemeja este territorio vietnamita con las playas del Caribe.

Para mí, el mayor problema de un viaje a Vietnam es que casi todos los turistas hacemos el mismo recorrido, así que continuamente te acabas encontrando a la misma gente. Resulta ideal para hacer amigos si se viaja solo, pero si se quiere cierta independencia, lo mejor es aparcar los consejos de la Lonely Planet e improvisar, viviendo el presente, ya que, si no, sin darte cuenta, acabas en el plan previsto.

Hay que considerar que las condiciones de viaje son muy duras debido a la exigencia de cruzar de punta a punta del país. Por lo tanto, es un viaje más adecuado para jóvenes *backpackers* o viajeros curtidos que para aquellos que buscan comodidades, sobre todo, si se planea conocer todo el país.

Los más veteranos suelen optar por establecerse en una de las dos grandes ciudades, Hanói o Saigón, y desde allí realizar salidas próximas o buscarse un vuelo que les lleve a un lugar de playa.

Los precios son buenos y la comida excelente, en una fusión que mantiene las esencias de la vieja Indochina, cuando lo francés, chino y local se mezclaban.

Hay vida nocturna y bastante vicio, pero uno decide libremente y sin agobios si quiere entrar o quedarse al margen. En general, el turista no es asediado, aunque las formas de los vietnamitas pueden ser algo groseras y oportunistas.

De mis viajes por Asia, Vietnam es un país del que recuerdo un peor trato, en comparación con la dulzura y la educación de los países de corte budista como Thailandia, Myanmar o Laos. Los años de comunismo han extirpado la religión y la espiritualidad; ahora el dinero se ha convertido en la nueva religión.

Las motos han sustituido a las bucólicas bicicletas y las ciudades son ahora enjambres de ciclomotores, que arrollan al peatón despistado. Cruzar una calle supone toda una prueba, una lección de dejarse llevar, en la que debes andar con paso firme y constante. Toda una experiencia para sumar a las muchas que pueden vivirse en Vietnam, un país despierto y presente.

Vivencias

Mi llegada a Vietnam, una tarde gris de junio de 2008, fue el preludio de mi desprogramación inminente. Al poco rato de aterrizar, mi mente estaba tan espesa como las nubes que cubrían Hanói. La atmósfera estaba cargada, no corría una brizna de aire. Hojas estáticas, olor a alquitrán, sensación de sofoco, casi mareo, con una humedad relativa que debía rondar el noventa por ciento. Al parecer, se estaba aproximando un resto de ciclón que había causado estragos en el sur de China y parte de Filipinas. Es lo que tiene el sudeste asiático cuando llega el verano...

No tuve tiempo de preocuparme en exceso, tan solo recuerdo que el *jet lag* y la presión atmosférica me dejaron derrotado. Mi estómago se giró y mi mente se desprogramó para funcionar en modo *slow motion*, muy despacio, con gritos silenciosos implorando una lluvia que no llegó hasta el tercer día y que, cuando se produjo, fue una liberación. Entró el aire y volvimos a respirar. El calor se convirtió en algo soportable y mi estómago regresó a su lugar, aunque mi mente parecía seguir fuera de juego.

Esta vez eran las motos las que la tenían desconcertada. Llovía a reventar, la calzada era un gran charco y las motos se subían por las aceras sorteando peatones de forma suicida. Mi zona de seguridad se veía afectada, y mis formas de occidental, asediadas. Si vivías con miedo, aquello era un calvario, así que pronto dejó de importarme si me mojaba hasta las rodillas o si veinte motos se interponían en mi camino. Decidí convivir con ello y acabé disfrutando de aquel frenético día con unas lluvias torrenciales, así fue como descubrí el bullicio de la joven nación vietnamita.

Sekito Kisen, maestro zen japonés dice: «Vosotros que buscáis el camino, os lo ruego, no perdáis el momento presente». En aquellas circunstancias, alertado por el ir y venir de las motos, con los sentidos bien despiertos por los salpicones y la tromba de agua que caía, era imposible no perderse el momento presente. Así como en los días iniciales de bochorno me proyecté hacia el futuro, esperando que la tormenta se llevara el calor, ahora disfrutaba del presente al máximo.

Tendemos a no vivir en nuestras acciones, porque nuestros pensamientos se van a otro lugar, pero ante el peligro y las situaciones extremas te concentras en el aquí y el ahora. Te olvidas de los problemas, los planes y el camino, y te limitas a estar en el momento, sin pensar en la meta o el lugar a donde quieres llegar.

Una noche me perdí en un pequeño tugurio cercano al lago Hoa Kiem, visitado por turistas australianos en busca de cerveza barata y chicas orientales. Guiado por el arte de fluir que empezaba practicar, acabé subido a una moto que me llevó por oscuros callejones hasta el Red River, donde había una gran fiesta en una barcaza, en mitad de las aguas. La moto nos dejó en el embarcadero y las cinco chicas que nos llevaban (dos locales y tres australianas) nos invitaron a mi amigo James y a mí a cruzar pasarelas hasta el centro del río, donde la corriente asustaba. De pronto, todo eran luces, color y música. Una *roller disco* dentro de un barco. Aquello era una visión psicodélica, una fantasía, una ensoñación... No parecía real.

Un *love boat* en mitad del Red River con la música a toda castaña y el sudor de la concurrencia salpicando los ventanales. Un desmadre ecléctico e inesperado. Nada mejor para entregarse al instante. La gente saltando en la pista de baile y al fondo unas grandes pantallas que retransmitían un Holanda-Alemania de la Eurocopa en radiante directo, a las cuatro de la madrugada hora local. El fervor de la noche tecno capitalista en pleno Vietcong. Aquello no me lo habían contado en las películas de Rambo ni los veteranos de Vietnam. Por un momento, creí que mi mente se iba a colapsar recordando imágenes de *El cazador*, aquella película en la que Cristopher Walken acaba completamente transformado jugando a la ruleta rusa y puesto de heroína hasta las cejas, como un muñeco de trapo entre enloquecidos vietnamitas.

Afortunadamente, mis miedos occidentales y mi mirada al pasado cinematográfico duraron poco. Pronto pude regresar al presente y disfrutar de una de las noches más surrealistas de mi vida. Al llegar a la habitación del hotel, recuerdo que choqué contra la pared. Mi amigo Ferrán estaba matando mosquitos y me echó una bronca vinculada a la responsabilidad. Por suerte, no teníamos ninguna obligación y empezaba a hacerme a la idea de que allí, lo de cumplir planes, hojas de ruta y acumular millas de viaje iba a ser algo difícil.

Noches como aquella me hacían comprender esa idea zen de que el instante se puede convertir en eternidad si estas en la plenitud del aquí y el ahora, con presencia total. Ciertamente, en aquella fiesta sobre el Red River sentí la eternidad en el instante, tal vez porque hubiera querido que no acabara nunca.

En unos días cumplí el expediente turístico, visitando las tribus del norte en las montañas de Sapa, con sus terrazas escalonadas cubiertas de campos de arroz y visitando la bella bahía de Halong. Pasé una noche en un barco, escuchando el crepitar del agua sobre el casco de madera y contemplando las estrellas entre islotes salvajes, hasta el amanecer. En esta ocasión, estaba obedeciendo a un plan, persiguiendo la expectativa de rememorar las imágenes que había visto en películas como *El amante* o *Indochina*.

Los sentidos se colmaban y la mente quedaba satisfecha con la idea de haber cumplido un objetivo. Sin embargo, internamente, en lo personal, la experiencia resultó bastante decepcionante por estar rodeado de turistas y guías vietnamitas vociferando por todas partes. La magia del lugar quedaba rota y me sentí absurdo, por mucho que la mente me quisiera convencer de que aquello era fantástico, remoto y excepcional.

Para mí resultó mejor la experiencia de visitar Tam Coc, una tranquila aldea rural rodeada de campos de arroz y montículos de piedra que parecían surgidos de la nada. Allí también llegaba el turismo, pero me resultó más fácil perderme en un mar de islotes sobre campos de arroz y arroyos, en una visión bucólica de otro tiempo. En un mundo rural como aquel, de pausas, silencios y contemplación, era más fácil vivir en el presente. En ocasiones, el viaje te arrastra y te consume persiguiendo un plan, pero cuando llegas a un lugar en el que te sientes bien, te detienes. Entonces percibes más fácilmente, el aquí y el ahora.

Viajando, el ambiente es distendido, el calor apaga, la belleza del paisaje conmueve y te sientes arrastrado por una cadencia muy distinta a la energía de las ciudades.

En estas circunstancias es cuando mejor entras en la atención plena de la que habla Krishnamurti y que tan importante es para alcanzar la maestría de vivir en el presente.

La premisa fundamental de este maestro hindú, que fue uno de los principales difusores de las filosofías orientales en Occidente, es que la mente nos limita en la comprensión de la realidad. El pensamiento es parcial y actúa esclavizado por el deseo de acumular saber. Solo la libertad de la mente puede darnos una comprensión total, en la que la mente es más que el raciocinio, y es aquí donde se produce la atención plena.

«Para mí, la mente es algo total. Es el intelecto; las emociones; es la capacidad de observar y distinguir; es ese centro de tu pensamiento que dice "Haré" y "No haré"; es el deseo; es la plenitud. Lo es todo, no algo intelectual separado de lo emocional.»[3]

La mente comprende las emociones, no solo el intelecto, y de ella depende la capacidad de observar, porque crea nues-

3. Jiddu Krishnamurti. *Choiceless Awareness*, KPA, 2013, pág. 31.

tra realidad. Esa capacidad define la realidad que creamos. Por lo tanto, el estar aquí y ahora, depende en gran medida de nuestra observación. En atención plena lo vemos todo, percibimos las armonías sutiles, los detalles, pulsamos los sentidos y nuestras emociones antes de que caiga la sombra del pensamiento. No es nada fácil, porque el pensamiento siempre acecha, anteponiéndose a todo, cegando nuestra capacidad de observar de forma total. Según Krishnamurti, la clave está en aquietar la mente y dejarla sin capacidad de elección (*choiceless awareness*), en una especie de bloqueo o estancamiento. En ese momento surge la respuesta al problema que estábamos buscando, porque la mente racional se detiene y permite el funcionamiento de la mente total. En la conciencia sin elección, sin demanda y sin ansiedad se despierta la percepción verdadera de la realidad.

Desde la perspectiva budista, esta conciencia plena puede surgir cuando desaparece el deseo, que es el que encadena al pensamiento. La persona libre de deseo, en estado de *arahant*, desarrolla unas acciones que trascienden la categoría del bien y del mal. Su mente es libre y puede así percibir de otra forma, más pura y global.

En un paisaje como el de Vietnam rural, con la humedad y el calor del trópico, la mente se adormece, el pensamiento racional se ralentiza y puedes conectar con esta forma de percibir la realidad de un modo global, aunando los sentidos, la emoción y también chispas de intuición.

Niña de etnia local (valle de Sapa, norte de Vietnam).

Recuerdo la primera vez que crucé Vietnam, metido dentro de un autobús que hacía un recorrido que debía durar ocho horas y que acabaron siendo dieciséis. Mi mente se inquietó primero, se enfadó después, para quedar al fin rendida y exhausta al tener que tragar con el agobio del viaje. No había salida, ni escapatoria, tenía que aguantarme, quisiera o no. Todo deseo cesó. En ese momento, pasado el enfado y la desesperación, tuve momentos de percepción que me atrevería a llamar total, echado en la litera del autobús, mirando por la ventana en un estado sin demanda y sin ansiedad. Ciertamente, se ven las cosas de otro modo. En aquella ocasión, no fue tan importante lo que vi en el exterior;

lo relevante fue que aquel estado me hizo ver mi realidad interior, en lucha permanente, con exigencias y prisas que no tenían ningún sentido. Estábamos ahí para viajar y buscando el camino, nos estábamos perdiendo el momento presente.

Daniel Goleman, el conocido autor de la *Inteligencia emocional*, en su libro *Focus* habla precisamente de esto, y parece tener una respuesta.

«¿Qué es lo que permite a alguien tener una brújula interna tan poderosa, una estrella polar que lo guíe a lo largo de la vida para moverse por la vida ateniéndose a los dictados de sus propósitos y valores más profundos?

La clave reside en la conciencia de uno mismo, especialmente en la capacidad de interpretar los mensajes internos que nuestro cuerpo nos susurra...

La conciencia de uno mismo representa el foco esencial que nos conecta con los sutiles murmullos internos que nos ayudan a navegar por la vida.»[4]

Al llegar a Hoi Ann, mi cuerpo me decía que no podía más: no podía seguir viajando con aquellas diarreas, con los nervios se me disparaba la incontinencia urinaria. Todo era fruto de la ansiedad por cumplir un plan, de la prepotencia de verme como el capitalista avanzado, que miraba por encima del hombro y desconfiaba de aquellos vietnamitas.

---

4. Daniel Goleman. *Focus*. Editorial Kairós, Barcelona, 2013, pág. 82-83.

Gracias a la percepción interna que tuve en el aquel terrible autobús con pasillos de tres literas y a la inmensa belleza de Hoi Ann, en el instante de pisar tierra de nuevo, sentí ganas de quedarme, de no moverme más, de abandonar todo plan y entregarme al presente.

Cambió mi estado mental y con él, mi estado de ánimo y salud. ¡Sabia lección la de comprender que somos un todo, un ser holístico al que una mente esclavizada y tirana puede alterar su organismo, realidad y percepción entera!

Hoi Ann, la perla de Vietnam, está ubicada en la costa central, cerca de Danang, sobre la cuenca de un río que, apenas unos kilómetros más allá, desemboca en el mar de la China Meridional. Un antiguo puerto colonial por el que han pasado mercaderes holandeses, portugueses y japoneses durante los siglos XVI y XVII. El lugar es hoy un remanso de paz, con la impronta de su pasado de esplendor en la arquitectura de sus casas y puentes.

En Hoi An, iba en bicicleta del hotel al mercado o a la playa, entre palmeras, cielos y calles coloniales de aires caribeños que me recordaban a la vieja Trinidad, allá en Cuba. La nostalgia me transportaba y de nuevo quería volver a la rutina del aquí en Hoi An. La atmósfera colonial, el calor tropical y la vegetación las equiparaba. El color de sus casas coloniales, el polvo de sus calles, la transparencia cristalina de sus aguas marinas y los sabores de su excelente cocina me introducían en un mundo de sentidos que me conectaba con el cuerpo. No había espacio para la mente si te dejabas llevar. Aquel lugar invitaba a relajarse. El plan era estar dos días y seguir la ruta, pero acabé pasando toda una semana. Sin duda, fueron mis mejores días en Vietnam y de los mejores de todos mis viajes por Asia.

Desde entonces, siempre que viajo tengo la norma de no ceñirme al plan, tan solo propongo una ruta y, cuando llego al lugar que me gusta, me quedo. Una cosa es viajar para conocer y otra es entrar en la rutina y vivir el presente.

En mi viaje a Vietnam, todo lo que vino después fue de bajada, no solo sobre el mapa, sino como experiencia. En las playas de Mui Nee, llovió a cántaros y pasamos dos días encerrados en un bungaló. Sufrí una indigestión por mi mala vida en Nah Trang, un paraíso turístico para locales y extranjeros, lleno de bares y discotecas.

Si llegar a Ho Chi Minh (Saigón) fue una decepción por la vuelta a la metrópoli, el descenso a Cu Chi Tunnels fue el infierno que me hizo comprender la realidad de la guerra de Vietnam. Apenas a tres horas de autobús, situados en mitad de la selva, estos túneles en los que casi no cabe una persona de pie, son ratoneras en las que los vietnamitas permanecían sin apenas aire para trazar emboscadas sorpresa a los soldados americanos.

La experiencia de penetrar en ellos si, con suerte, el hueso de la cadera lo permite, vale más que mil palabras. Tampoco olvido la mirada del vietnamita que nos guiaba por aquel parque temático de los horrores de una guerra que destrozó a todo un país.

Vietnam ha sabido cicatrizar gran parte de sus heridas y somos los turistas occidentales quienes vivimos en el pasado condicionado por la cultura audiovisual norteamericana. Afortunadamente, el paso del tiempo da más conciencia de la realidad y el pueblo vietnamita parece saber vivir en un ilusionante presente. De nada sirve quedarse en los lamentos del pasado. Nunca pensé que la agresiva Vietnam pudiera enseñarme tantas cosas, pero así fue.

Allí comprendí que lo leído no es nada, sino se lleva a la práctica. En el país de los *viets* volví a conectar con el sentido de vivir el aquí y el ahora.

Cita

«Recuerda que solo hay un tiempo importante que es el ahora. El tiempo presente es el único sobre el que tenemos dominio. La persona más importante es siempre la que tienes delante, con la que estás, porque ¿quién sabe si tendrás relaciones con otras personas en el futuro? El objetivo más importante es hacer feliz a la persona que está contigo en el momento presente, tan solo esta debe ser la meta de nuestra vida.»

THICH NAHT HANH, *The Miracle of Mindfulness*

5. Menos es más

Sutra: Vivir con menos

La máxima que titula este capítulo es del arquitecto Mies Van der Rohe, pero se adapta perfectamente a una de las cosas que aprendí en los países más pobres que pude visitar en Asia: Camboya, la India y Nepal.

En las sociedades de capitalismo avanzado tendemos a pensar que la felicidad tiene que ver con acumular, obtener o conseguir, sometiéndonos a una presión brutal que suele derivar en estrés o frustración al comprobar que no llegamos a obtener todo lo que queremos o que, en el intento por conseguirlo, nos dejamos la vida.

Son las formas del ultracapitalismo, el movimiento de las ruedas del progreso que nos empujan continuamente a ser y tener más, cuando para ser felices lo que necesitamos no es poseer bienes materiales, sino sentirnos satisfechos con nosotros mismos. Esto viene a ser un estado de ánimo de plenitud en el que la persona está bien y se siente dueña de sí misma y del manejo de su tiempo. Por lo tanto, no se trata de ser millonario o de tener muchos bienes, sino de alcanzar un tesoro interior.

Muchas veces somos esclavos de nuestros trabajos, porque vamos más allá de lo que necesitamos para vivir. Queremos más dinero para tener más cosas, pero si llegamos a descubrir que podemos pasar con menos, tendremos más tiempo y nuestra vida cambiará.

A mi mente vienen escenas que pude presenciar en Cuba o en los países más pobres de Asia: alguien se sienta en una mecedora, bajo un porche, a ver pasar la vida. Una mujer que tiende la ropa con la parsimonia de quien tiene todo el tiempo del mundo y disfruta del sol bañando su cara, mientras lleva a cabo su tarea.

En otra de las escenas cotidianas que recuerdo, un hombre está barriendo el portal de su casa y se detiene para contemplar cómo cae una hoja, hasta que se posa sobre el suelo. Parece que la espera, antes de seguir con lo que está haciendo.

Estas tres imágenes pueden interpretarse de distinta forma. En el extremo más radical del pensamiento occidental, puede interpretarse que esas personas son gente vaga y perezosa.

Desde la perspectiva que propongo son gente sabia que sabe administrar su tiempo. Tal vez no tengan un móvil de última generación, pero viven tranquilos.

En nuestro mundo global y allá donde llega *Matrix* (como a un amigo le gustaba llamar a las multinacionales), somos embaucados con falsas necesidades: es una de las clásicas estrategias de mercado capitalista, que ya apuntó hace décadas un pensador como John K. Galbraith en su obra *La sociedad opulenta*. Según este prestigioso economista norteamericano que fue asesor del gobierno durante los tiempos de Kennedy, en pleno esplendor de la sociedad de consumo vivimos instalados en el tener más, en codiciar lo que vemos. Si el vecino tiene un televisor de cuarenta y dos pulgadas, nosotros no queremos ser menos. Se despierta nuestra envidia, mientras el sistema genera en nosotros necesidades artificiales, llevándonos a comprar y querer poseer lo que no precisamos. Así, generamos una dependencia que desemboca en esa extraña felicidad que consiste en salir a comprar durante nuestro tiempo libre.

El mercado quiere que compremos. Nos educa para estar siempre en actitud de demanda, más bienes, más casas, más coches, más cursos, más medicinas, más viajes, más, más y más. De este modo, nos llenamos de experiencias que casi ni sentimos, de viajes que son cúmulos de monumentos y montones de fotografías, mientras habitamos casas cargadas de cosas que no necesitamos, y así nos va...

Como dice Galbraith al inicio de su ensayo:

«El hombre pobre tiene siempre una visión precisa de su problema y de su remedio: no tiene suficiente y necesita más. El rico puede suponer o imaginar una variedad mucho mayor de infortunios y, por lo tanto, se encontrará mucho menos seguro de su remedio. Al mismo tiempo, y hasta que no aprenda a vivir con su riqueza, evidenciará una perceptible tendencia a emplearla en fines equivocados o hacer en otro caso el ridículo».[1]

Nosotros, gentes de las sociedades de pleno desarrollo capitalista estamos en este segundo extremo, al igual que las ricas naciones asiáticas como la China. Bordeamos el ridículo con nuestra opulencia, amenazando los recursos del planeta con nuestro consumo desmesurado.

En el contexto oriental, los jainistas de la India son los reyes del ascetismo, sus monjes, ascetas o *saddhus*. En algunos casos extremos de practicar la desposesión, llegan a ir completamente desnudos. Esta forma religiosa comparte muchas cuestiones con el budismo, pero va más allá en su forma de renuncia y desapego. Curiosamente, al no permitir la violencia contra cualquier ser vivo, sus practicantes suelen tener oficios como joyeros o banqueros, siendo una de las comunidades más ricas de la India. La forma de resolver la paradoja entre ascetismo y riqueza son las donaciones. Los ricos jainistas donan no solo alimento a los monjes, sino dinero para construir templos y hospitales, y también aportan parte de sus bienes para beneficio de su comunidad. Esta es otra forma de soltar, de no aferrarse al poder fascinador del dinero, de cultivar la vía del corazón y saber compartir, algo que en culturas protestantes también se da, como demuestra algún caso puntual como el de Bill Gates.

---

1. John K. Galbraith. *La sociedad opulenta*. Ariel, Barcelona, 1960, pág. 19.

El dinero no lo es todo, no siempre compra la felicidad, y la opulencia puede llegar a cegarnos. Hay que aprender a ser más austeros y vivir con menos necesidades.

Normalmente, el ser humano necesita afecto, salud, disponer de tiempo con los suyos, un techo bajo el que dormir y comida para alimentarse. No mucho más.

Si aprendemos a vivir con menos, podremos trabajar menos, tendremos menos presión sobre nuestras espaldas, sentiremos menos responsabilidad y podremos ser dueños de nuestro tiempo para invertirlo en aquello que para nosotros es verdaderamente esencial.

En cuanto al ocio, ¡hay tantas cosas que uno puede hacer para pasar un buen rato y ser feliz sin necesidad de comprar o gastar dinero!

A los que no se les ocurra nada, pueden recordar qué hacían de niños, pasando horas jugando a fútbol, pateando la pelota contra una pared en mitad de la calle, jugando a canicas o simplemente hablando con los amigos en una tarde de verano.

Es bueno volver a la infancia para recuperar las esencias de la persona que fuimos, antes de que recibiéramos nuestra educación de buenos compradores/trabajadores.

Otra estrategia para aprender a vivir con menos es viajar a cualquier país en desarrollo, preferiblemente de entorno rural, para observar cómo allí la gente sabe sonreír a la vida teniendo muy poco. Se puede incluso tomar nota de los gestos cotidianos, las actividades, las costumbres observadas, para practicarlas de regreso a nuestro mundo.

Grupo de niños en las ruinas jemeres de Ta Prohm, Camboya.

Soy consciente de que no toda miseria comporta felicidad, ni que siempre el vivir con menos equivalga al bienestar interior. De lo que estoy convencido, es de aquí, en Occidente, vivimos en la opulencia y no valoramos lo que tenemos. Hace ya décadas que entramos en una ceguera consumista que nos ha hecho perder el rumbo.

Asumo que puedo tener una visión idealizada de estas sociedades rurales, a la vez que un marcado sentido crítico cuando opino sobre nuestra sociedad del bienestar. Es mi experiencia, así es como el viaje quitó la venda que llevaba sobre los ojos, liberándome parcialmente de esta compulsiva necesidad de tener más y más.

Me considero un aprendiz, porque soy hijo de mi tiempo y de mi mundo, pero al igual que lucho para aprender a vivir el presente, quisiera poder vivir con menos.

La felicidad puede residir en contentarte con lo que tienes, sin mirar al vecino, valorando que, en muchas ocasiones, poco es mucho, y lo contrario no vale para nada. Obviamente, hay quien por desgracia no puede ser feliz con la miseria en la que le ha tocado vivir, pero para la mayoría de los occidentales es bueno tener presente el mito cinematográfico de *Ciudadano Kane* (inspirado en el millonario Hearst), quien, al poseerlo todo, se quedó triste y solo, añorando y deseando aquel viejo trineo de su infancia. Hay que aprender a soltar, a desprenderse y vivir con menos. No necesitamos tantos bienes materiales, ni tantos cargos, ni tanta actividad.

La acumulación y suma de tantas cosas nos ciegan, no nos dejan ver lo que anida en nuestro interior. Dedicamos nuestras vidas a acumular y mantener, sin darnos cuenta de que, de este modo, no damos espacio a que puedan suceder cosas nuevas.

Como dice Chögyam Trungpa, soltar también significa que uno se atreve a abrirse. En el aprendizaje de lo que este maestro tibetano difundió por Occidente como la sabiduría de Shambala, soltar es vivir en el desafío, lo cual no implica vivir bajo presión, sino en una vida llena de oportunidades, que aparecen cuando uno puede abrirse, pero para eso hay que soltar, no retener.

Soltar y vivir con menos no solo debe entenderse desde lo material, sino también en lo mental y emotivo. Muchas veces el estrés no es más que una estrategia de acumulación de actividad, que nos cargamos para evitar conectar con emociones que no deseamos.

Si puedes reducir la actividad, los proyectos, incluso los sueños y anhelos, es más fácil que puedas contactar con tu corazón.

Hay que saber soltar y desprenderse, al igual que sucede en el ciclo de la naturaleza cuando llega el otoño y los árboles dejan caer sus hojas, antes de la llegada del invierno, que implica el recogimiento, el retorno al punto cero en el que apenas hay nada.

La respiración es otro patrón donde debemos aprender a soltar. Lo difícil es exhalar profundo, soltando *apana*, no se trata de inspirar e inspirar para llenarnos de aire. Nuestros pulmones y nuestro cuerpo también precisan de un vaciado, pues, si no, acumulamos y acumulamos, sin desprendernos de toxinas y depósitos que se liberan cuando uno suelta el aire fuera. Esto es algo que se practica en el yoga y que también los maestros zen conocen perfectamente.

Asimismo, hay que soltar los objetos y muebles obsoletos de una casa, aquello que no utilices, como propone la japonesa Marie Kondo, en su superventas: *La magia del orden,* aunque para mí la clave reside en soltar cuanto rodea nuestras vidas.

Podemos atesorar y repartir amor, aumentar la lista de amistades y relaciones humanas, pero dejemos de acumular bienes materiales, experiencias, kilómetros de viaje, medallas, diplomas y méritos laborales.

Aprendamos a disfrutar de los pequeños placeres de la vida y a vivir con menos.

País/territorio: Camboya

Camboya es un país que, desde la perspectiva turística, vive a la sombra del atractivo de las ruinas de Angkhor Wat. La mayoría de quienes las visitan se limitan a contemplar esta maravilla de la antigüedad, durmiendo en Siem Rep.

Sin duda, Angkhor merece una visita de entre tres y cinco días si se quiere explorar con relativa profundidad. El complejo de templos es mucho más extenso de lo que parece. Angkhor y Bayon son los más conocidos, junto con el de Ta Prohn, cuya imagen de las ruinas entre raíces de árboles que las abrazan se hizo popular con la película *Tomb Raider*. Este templo fue el único que se dejó intacto, tal como se había encontrado, cuando se realizaron los trabajos arqueológicos.

Las ruinas de Angkor Wat se visitan en tartana o en bicicleta con un calor sofocante y muy húmedo. La vecina ciudad de Siem Rep es un apacible remanso para turistas, con cómodos alojamientos, provistos de aire acondicionado y piscinas, entre jardines tropicales y desayunos al gusto occidental. Un destino completamente pensado para turistas americanos, japoneses y europeos. El centro del pueblo se articula en torno a un mercado local, rodeado de cafés y *pubs* que sirven cerveza y cocina occidental.

Si se quiere conocer la verdadera Camboya, hay que alejarse de aquí y adentrarse en las zonas rurales del centro o del sur. Cuando te pierdes por sus trilladas y polvorientas carreteras, descubres un país eminentemente rural, regado por las aguas de abundantes ríos y las lluvias constantes, con gente sencilla que vive una vida sin complicaciones y que ha sabido sobreponerse al horror de su historia reciente.

La capital, Phnom Penh, resulta interesante por ser una de las metrópolis asiáticas menos occidentalizadas, aunque el desarrollo está llegando velozmente. Ya hay grandes hoteles y bares de alterne junto al paseo de la ribera del Mekong, que aquí baja con un enorme caudal, próximo a su desembocadura más allá de Saigón.

La ciudad sale del atraso y de las atrocidades de los tiempos de los jemeres rojos, quienes a mitad de los años setenta llegaron a evacuar toda la ciudad para emplear a todos sus ciudadanos en labores del campo. Phnom Penh quedó desierta y muchos de sus habitantes murieron en pésimas condiciones. Los jemeres que venían a liberar al pueblo camboyano de la guerra americana en el sudeste asiático interpretaron mal las ideas revolucionarias del mayo del 68 francés, convirtiéndolas en una cruel y delirante tiranía. Los urbanitas fueron considerados burgueses capitalistas, y la ciudad, un lugar maldito. El régimen de Pol Pot supuso años de represión, control, encarcelamientos, torturas y ejecuciones. Un horror que puede revivirse visitando los campos de la muerte ubicados en el extrarradio de Phnom Penh o la prisión de

Tuol Sleng, un siniestro lugar donde el tiempo parece haberse detenido en un vacío que evoca los errores de aquellos años.

La película *Los gritos del silencio*, de Roland Joffé, explica perfectamente los acontecimientos de aquellos trágicos años.

Phnom Penh tuvo que volver a empezar de cero cuando derrocaron el régimen dictatorial de los jemeres rojos. La población volvió a la ciudad sin tener nada, en un cruel ejercicio de supervivencia que le permitió comprender aquello que es esencial y prescindir de todo lo superfluo.

Los camboyanos son hoy una gente que tiene poco, pero no pide mucho más. En la ciudad se siente el progreso y el auge del turismo que despiertan el deseo por tener móviles o coches, pero no de un modo superlativo.

Cuando se visitan regiones rurales, medianamente turísticas como Kampot, cerca de la costa del golfo de Thailandia, compruebas que la gente es feliz tirando de unos bueyes sobre los campos de arroz, pescando en los arroyos con el agua hasta la cintura o dando paseos en bicicleta con la carga de lo recogido en la huerta durante el día. Las casas son modestas y los cortes de luz habituales. Las lluvias son torrenciales y en ocasiones devastadoras, pero los camboyanos han aprendido a convivir con ello y ser felices con muy poco.

Ya en 1951, el gran viajero Norman Lewis supo ver estas cualidades de los camboyanos, que pueden tener mucho que ver con el hecho de ser budistas.

«Los camboyanos son budistas practicantes, y cada hombre, incluso el rey, debe pasar un año de su vida como novicio meditador en un monasterio budista. Y la fuerza de esta segunda de las religiones mundiales reside en el hecho de haber creado una tradición, un estado permanente de la mente que hace que sus adeptos no sean ni explotadores, ni susceptibles de ser explotados. Lo camboyanos, como los birmanos, los laosianos y otros habitantes del sudeste asiático, son gente pobre, pero extremadamente feliz...

Los vietnamitas, donde el budismo se ha diluido prácticamente hasta desaparecer, tienen un alma competitiva.»[2]

Comparto la idea de la importancia de la positiva impronta del budismo en la mayoría de países del sudeste asiático, aunque añadiría la trascendencia del hecho de vivir en sociedades rurales. Cuanto más se acerca el ser humano a la ciudad, más próximo está de las tentaciones capitalistas y del estilo de vida que nos lleva a no saber vivir con menos.

Vivencias

La primera vez que visité Camboya venía de Bangkok, lleno de experiencias y agitado por el bullicio de sus calles. Apenas hacía una semana que había abandonado mi mundo cotidia-

---

2. Norman Lewis. *Un dragón latente*. Altaïr, Barcelona, 2014, pág. 200.

no, y en el traslado desde el aeropuerto de Phnom Penh hacia Kampot, empecé a sentirme algo incómodo. Transitaba por una carretera mal asfaltada, entre caminos de polvo, carros, bicicletas, bueyes, puestos ambulantes y aldeas de carretera de aspecto insalubre. No me asustaba la miseria, pero sí me atormentaba esa sensación de «¿y yo qué hago aquí?», que se hizo acuciante cuando, al llegar al punto de encuentro con un viejo amigo de mi padre, resultó que nos dirigíamos a un conjunto de pobres cabañas en mitad de la selva.

Como refugio de un intelectual hastiado de la sociedad establecida y un lugar en el que poder escribir, la opción era perfecta, pero para el rol de turista en busca de monumentos y ruinas de la antigüedad, aquello resultaba todo un reto. No había nada que hacer. Kampot, el pueblo más cercano, estaba a unos cinco kilómetros y aparentemente, tenía poco de especial. No había más reclamo que la tranquila rutina de un pueblo camboyano al que llegaban algunos turistas desperdigados como nosotros. Para un viajero intrépido, como entonces me creía y que venía de rodar documentales en la India o el Tíbet, aquello suponía una rendición, un alto en el camino que me obligaba a detenerme y a vivir unos días ahí, sin hacer nada, con la frustración de la inactividad y el dejar de estar en movimiento constante.

Un conjunto de unas diez cabañas se elevaba sobre el húmedo terreno pantanoso, evitando así las criaturas de la selva y los insectos. Por las noches, las ratas campestres subían a darse una vuelta en busca de restos de comida. Las veía pasar por las vigas y las escuchaba al otro lado de la pared, mientras me protegía tras la mosquitera de posibles ataques o picaduras. Ya se sabe, son las cosas del trópico... Poco a poco, iba cediendo a mi resistencia inicial.

El río se escuchaba cercano a todas horas y, de tan poco que hacer, aprendí a contemplarlo entre grandes palmeras y ficus que parecían arroparlo.

En el centro de nuestro poblado, teníamos la gran cabaña, creada como espacio abierto y lugar de acogida para los desayunos y encuentros de clientes. Allí, pasabas gran parte del día, contemplando el jardín, concentrado en la escritura, la revisión de correos electrónicos o, simplemente, conversando.

Cuando no hay mucho que hacer, redescubres el placer de hablar por hablar, y los beneficios que generan estas conversaciones en las que no hay más propósito que pasar el tiempo. Hablas sin intenciones ocultas, sin tramas, deseos ni peticiones. En ocasiones, estas conversaciones derivan en lo que podemos llamar «conversación de ascensor» o anodino intercambio de palabras, pero no importa.

Entre viajeros, lo más común es empezar hablando del viaje que se está realizando y acabar con el viaje que es tu vida. En estos encuentros, la ausencia de prisa abre la conversación a matices, puntos de vista y situaciones que en otra circunstancia no se dan.

Después de tres o cuatro tardes conversando, aprendes a valorar el sentido del tiempo. Te das cuenta de que puedes vivir con menos. No es necesario estar correteando de aquí para allá, gastando y consumiendo dinero, transportes o energías propias. El arte de la conversación te enseña a vivir con menos, aunque es cierto que, además de tiempo, precisas un buen conversador y dejarte llevar por la comunicación.

En aquella pausada rutina de mis días en Kampot, otra forma de inactividad era la de llegarse al pueblo en una barca a motor y pasear sin más propósito que contemplar el discurrir de la vida en la ribera. Veías pasar pescadores que regresaban de su jornada con las redes cargadas y las viejas embarcaciones al límite de su nivel de flotación. En la orilla, las mujeres lavaban la ropa, mientras los niños jugaban a salpicarse sin contemplaciones.

Una vez en el pueblo, aprendí a pasarme horas contemplando su cotidianeidad. Por la mañana, los tenderos montaban sus paradas en la plaza, junto al mercado, mientras llegaban las mercancías: todo tipo de pescados o frutas como el mango, la papaya y el coco. El tesoro local era la reconocida pimienta de Kampot, que podía ser negra, roja o, la más preciada, blanca.

Me montaba en una bici y recorría las calles de aire colonial afrancesado, con fachadas casi parisinas, en tonos pastel de verdes y amarillos desconchados. Bicicletas transitando y los primeros turistas tomando café.

Con el paso de los días, me di cuenta de que Kampot es uno de esos lugares a los que no va tanto el turismo de paso, sino el que viene para quedarse.

Entre ellos, había una numerosa colonia de alemanes e ingleses con aspecto de moteros salvajes jubilados, que habían echado raíces, casándose con bonitas chicas locales y llegando incluso a ser padres. Estos aparecían al atardecer, cuando los bares y locales que ellos mismos regentaban, abrían la verja para sacar a relucir sus *sets lists* o listas musicales de *greatest hits* de sus años dorados. Gracias a ellos, pude disfrutar de atardeceres bellamente nostálgicos con sesiones de rock sinfónico añejo, mezclando temas de Yes, Led Zeppelin, Pink Floyd o los Who.

Unos años más tarde, cuando la hiperactividad viajera me volvía a rondar, eché de menos la inactividad de mis días en Kampot y volví para parar y descansar.

En aquella segunda visita, incluso me vi prisionero del lugar, porque un ciclón que había asolado Vietnam me dejó incomunicado toda una semana. Las inundaciones habían cortado las carreteras y el gran río amenazaba con desbordarse.

Curiosamente, yo parecía ser el único que sentía pánico ante la situación.

Los viejos moteros, vestidos con chaquetas de cuero, llegaban muy tranquilos sobre sus motos Triumph, para mecer sus barbas blancas sobre jarras de cerveza. Ellos seguían igual, contemplando la puesta de sol, como todos los días. Por su parte, los camboyanos habían sustituido los coches y bicicletas por kayaks y embarcaciones ligeras, para desplazarse por las calles inundadas, en un alarde de capacidad de adaptación al medio. Los más valientes surcaban el agua con sus motos y les daba igual mojarse hasta la cintura. Las chicas, montadas en la parte trasera de la moto con las piernas hacia un costado, ni se inmutaban por las salpicaduras. A nadie parecía preocuparle la crecida del río, excepto a mí. La verdad es que me sentí inferior en mi capacidad de adaptación y en mi sentido de urgencia, por ver resuelta la situación.

Aquí, en el «mundo civilizado», estamos acostumbrados a que nos lo arreglen todo, por eso pagamos. Allí, conviven con lo que hay y saben que la naturaleza dicta sus leyes y que, en ocasiones, les quita lo que les da.

La situación me obligaba a escribir, observar y disfrutar de cada uno de los minutos. Tuve mis momentos de crisis, de aburrimiento, de ataques de ansiedad y deseos de acción. Sentí la dificultad de vivir sin cosas que hacer, sin necesidad de comprar, sin verme ocupado, útil.

Pude experimentar eso que los japoneses denominan *mushotoku*, y que consiste en no tener plan, ni intención, ni propósito. No había ni objetivo, ni meta. Me sentí vacío y, de pronto, me di cuenta de que podía escuchar mis emociones. Fue extraño, ya me estaba bien, no era necesario que siguiera acumulando experiencias, ni monumentos y visitas. Con la emoción de agobio por la intensidad del viaje, llegó también el escuchar al cuerpo que pedía descansar, reposar e integrar. Resultaba, pues, que la sabiduría más elevada no procede del córtex cerebral exterior, que siempre actúa cuando razonamos, sino del hipotálamo interior, con sus intuiciones, y sobre todo del cuerpo.

Mirando a aquellos occidentales perdidos, envejecidos y decadentes, pensé que ellos ya habían aprendido esta lección.

Eran gente que un día llegó a un pueblecito remoto en la exótica Camboya y se habían quedado prendados de un lugar de apacible rutina en el que podían vivir con poco dinero. Allí podían escuchar música, charlar con los amigos, jugar con sus hijos, pasear con sus mujeres y trabajar poco. Bastaba con tener un bar, un internet café o un *bed & breakfast*. Si querían, incluso podían tener su propio huerto y vivir tranquilos.

Aquello debía ser el *ku*, la existencia sin sustancia de la que hablaban los maestros zen, el *sunya* o vacío al que se refieren los hindúes.

Dada mi visión utópica de aquellos moteros salvajes en decadencia, comprendo que algunos piensen que las cosas no son tan de color de rosa y que pueden ser simples explotadores de la población local, que van con su dinero a retirarse allí, porque les resulta más barato. No cuestiono que algunos puedan encajar en este patrón, pero vi a muchos felices de haber encontrado un lugar más allá de una sociedad, que los vio como desheredados, miembros de una generación perdida o simplemente como a *loosers* que perdieron a su mujer y su trabajo.

Todos estos occidentales instalados en Camboya eran hombres y mujeres de una misma generación, con edades comprendidas entre cincuenta y largos y setenta años. Probablemente, eran personas que, viendo que no podían cambiar el mundo capitalista, se fueron a esas lejanas sociedades, para vivir una vida más acorde con sus principios ecologistas, libertarios y hedonistas.

Me acordé entonces de Gary Snyder, uno de los miembros menos conocidos de la generación beat que, como tantos de su quinta, emprendió el viaje *on the road*. Kerouac le convirtió en protagonista de su novela *Los vagabundos del Dharma*, mi preferida por la fascinación que sentí desde el primer instante por su personaje. Snyder fue leñador en Oregón, viajó por toda la India y, finalmente, se estableció diez años en Japón para estudiar el budismo zen, antes de volver a Estados Unidos y ganar el Pulitzer de poesía con su obra *Turtle Island*.

Aquellos occidentales de Kampot tenían algo de Gary Snyder, aunque no compartieran sus formas budistas. En un bonito texto llamado *El budismo y las posibilidades de la cultura planetaria*, Snyder recuerda que la iluminación no es para uno mismo, sino para la comunidad. Además, uno no puede estar plenamente realizado, sino se ha entregado el Yo. Según Snyder, son las políticas de los Estados las que mantienen su existencia, fomentando el deseo y el miedo que nos impiden desprendernos y soltar. No hay nada en la naturaleza humana o en nuestras organizaciones sociales que exijan una sociedad contradictoria, represora y productora de personas violentas y frustradas como las que tenemos. Al menos así piensa Gary Snyder, que ve en el budismo una tabla de salvación.

La meditación elimina las montañas de basura que nos inyectan los medios de comunicación y las universidades de supermercado. Las ideologías ciegan, mutilan y reprimen. El modelo a seguir puede ser el de la filosofía budista del *Avatamsaka,* que ve el mundo como una red vasta e interrelacionada en la que todas las criaturas son necesarias y están iluminadas. Debemos vivir para la verdadera comunidad o *sangha* de todos los seres, en un mundo libre y en paz. Utopismo contracultural por parte de uno de sus más legendarios exponentes, que todavía sigue con vida.

Allí, en Kampot, la armonía entre los locales y los foráneos se daba en el mutuo acuerdo de pasarlo bien, en no querer llenar las calles de ruido, ni tráfico rodado o en aceptar las cosas como venían. Si llovía, no pasaba nada, y si salía el sol, tampoco. Si te aburrías, salías a pasear.

Para Snyder, es básico que defendamos y protejamos las culturas tradicionales, vernáculas, primitivas y rurales como si fueran ecosistemas. En aquella rural Camboya del Sur, los occidentales podían contaminar levemente el entorno, pero se integraban bastante bien en aquellas tierras, entre ríos, aguas y lluvias constantes.

Recuerdo bucólicos paseos por las aldeas rurales del entorno de Kampot, entre plantaciones de arroz y rocosas montañas, llenas de misteriosas cuevas en las que las piedras dibujaban formas de animales o albergaban viejos templos de remotos navegantes. Como aquel fascinante templo de Phnom Chhnork dedicado a Shiva y que los hindúes habían dejado en los años de su expansión comercial.

Caminos de tierra, bajo un sol que daba paso a las nubes portadoras de una lluvia que pronto cesaría, para volver a sentir el calor en la cara. Miradas curiosas de aldeanos, sonrisas de niños, intercambio de palabras y trayectos compartidos con locales que se prestaban a hacer de guía a cambio de algo de dinero o conversación en inglés.

Puntos muertos, pérdidas de orientación, entre arbustos de pimienta y un horizonte plano, diáfano, completamente frondoso. Un mundo de sensaciones anclado en otro tiempo que te hacía sentir ignorante e idiota por haber vivido en esa jaula de oro que es nuestra sociedad occidental. Ansias robinsonianas de ingenuidad salvaje. Sueños de no volver jamás, de inventar una vida allí, con una nueva identidad.

Me acordé de Gauguin y de aquellos que en el siglo xix escaparon de la Revolución Industrial para vivir con mucho menos en islas paradisíacas.

Puesta de sol en Kep, sur de Camboya.

¡Qué fácil sería dejarlo todo y vivir aquí! Como mi amigo Joaquín y su pequeño restaurante de tapas, dando rienda suelta a su vocación de escritor.

Podría también imitar las continuas escapadas del sabio Fernando, el mayor conversador que he conocido, capaz de regalarte los oídos con vocablos ya perdidos, contando una vida entre viajes, mujeres y cárceles, en lo que dura el trayecto desde Kampot a las playas de Kep.

Sé que pude quedarme allí, pero me acordé de Kurtz y su final en la selva, convertido en un dios que descubre un tesoro y prefiere quedarse con él, en vez de regresar para compartirlo con los suyos. La imagen de Brando al final de *Apocalypse Now* era demasiado poderosa como para no hacerle caso.

Recordé a mis seres queridos y el mundo del que procedo, y quise volver, conservando lo aprendido de la sencillez camboyana.

Como dice Krishnamurti en *La libertad primera y última*, la sencillez no puede hallarse a menos que seamos interiormente libres. Muchos de nosotros podemos ser exteriormente sencillos, pero internamente seguimos siendo esclavos de nuestros deseos, apetitos e ideales. Sin duda, los camboyanos me parecieron un pueblo internamente sencillo.

Antes de partir, de regreso para tomar el avión en Phnom Penh, viví una situación que explica muy bien la distancia que puede existir entre las formas de algunos occidentales y la mayoría de los camboyanos, que viven bajo la influencia del budismo.

Como iba con mi padre, nos subimos a un *tuk-tuk,* porque estaba impaciente por encontrar una librería de segunda mano. El pobre conductor no tenía ni idea de dónde estaba la supuesta librería para occidentales con libros en inglés. Mi padre tenía un deseo y quería cumplirlo. Cada vez fue subiendo más el tono de su conversación, hasta que llegó al enfado. El camboyano, que pudo sentirse agredido, mantuvo la calma, sintió profunda lástima por la ira de la persona que le gritaba y, cuando mi padre se bajó del vehículo hecho una furia, pareció rezar por su alma. Ni una mala palabra, ni un mal gesto, en todo caso la decepción de haber enojado a otro ser humano. No sé si al pobre hombre le quedó sentimiento de culpa, pero a mí me invadió ese sentimiento. Quise excusarme y expresar que él, como conductor, no había tenido nada que ver. Le pedí perdón y me bajé admirado por el temple y la sencillez de alguien que me mostró una gran calidad humana. Diría que aquel incidente pudo ser uno de los detonantes de este libro. Ahí, sentí que teníamos mucho que aprender de los asiáticos y que, como plantea Gary Snyder, debemos pensar en términos globales, de *sangha*, de comunidad que se ayuda mutuamente.

¿Qué podríamos ofrecer nosotros a pueblos como el camboyano y qué nos podrían dar ellos? Lo primero no lo tenía claro, pero lo segundo se me fue haciendo cada vez más evidente.

Como decía Moja Ghosananda, maestro de meditación y pacifista internacional, conocido como el «Gandhi de Camboya» por las marchas por la paz que dirigía en este país destrozado por la guerra, el sufrimiento brota del aferramiento.

El camino de la paz se llama Vía Media, aquella senda budista que está más allá de la dualidad y de los contrarios. No debemos escoger, no se trata de elegir, dado que los contrarios no tienen fin.

Una vez, un labrador perdió a su yegua y todo el mundo en la aldea le dijo: «Mala suerte». Cuando esta volvió a casa seguida de un caballo grande y fuerte, le dijeron: «Buena suerte». Más tarde, cuando su hijo cabalgó el hermoso caballo, se cayó y se partió la pierna, todos dijeron: «Mala suerte», pero luego, cuando estalló la guerra y todos los jóvenes fueron reclutados, excepto él por tener la pierna rota, dijeron: «Buena suerte». Todo es relativo... Lo que parece claro es que nosotros, los habitantes de las sociedades capitalistas, nos queremos comer el mundo.

Así lo explica Mojá Ghosananda:

«La mayoría de nosotros sufrimos porque nos aferramos a sentimientos agradables, no agradables y neutros, y porque tenemos hambre y sed. Comemos y bebemos cada segundo con nuestros ojos, oídos, nariz, lengua, piel y nervios, veinticuatro horas cada día sin parar. Ansiamos comida para el cuerpo, comida para las sensaciones, comida para la acción de la voluntad y comida para el nuevo nacimiento. Somos el mundo y comemos el mundo.»[3]

3. VV.AA. *Lecturas budistas*. Editorial Paidós, Barcelona, 1998, pág. 32.

La vida nos enreda y nos carga de más y más cosas. Cuando esto sucede, me voy a alguno de los recuerdos de mis días viajando por Asia, para desacelerar y no olvidar cómo poder vivir con menos y ser más feliz.

Probablemente, la anécdota que mejor resume mis tres viajes a Camboya, más allá del esplendor monumental de las ruinas de Angkhor Wat, fue la noche en que salí con las trabajadoras de Le Mangier. Iba montado en una moto que apenas conocía, por caminos encharcados, completamente oscuros y sin saber a dónde me llevaban. Lo único que me era familiar era la luna en el firmamento. El resto era selva tropical, grillos y criaturas de la noche. Hasta que de pronto, me vi metido en una boda camboyana, bailando con la madre de la novia. Luego me tocó danzar con el novio, la sobrina, la prima, el padre y la familia entera. La gente del pueblo había venido a mirar desde las improvisadas vallas de madera, mientras los participantes en el festejo no se privaban de nada. Fue como una escena de una película de Fellini, con bonitas chicas vestidas con tacones, farolillos colgando de las palmeras, ancianas entrañables dando voces y hombres recelosos encajando las manos, mientras el *Gangnam Style* resonaba como un mantra inacabable. Parecía que no habían visto a muchos occidentales y me tocó bailar con todos, hasta que llegó Madame Chen, la jefa de Le Mangier y nos mandó para casa. Las chicas y chicos a su cargo trabajaban al día siguiente y yo era un intruso que venía a pervertirlos. Su educación en Francia, así se lo había enseñado, de modo que me enchufó en la moto de un jardinero fiel y se acabó la boda.

No importó, lo habíamos pasado en grande. Para mí fue una lección de saber fluir y de lo bien que lo puedes pasar con poco. Me invitaron a todo y pude recompensarlo al día siguiente con una sesión de fotos para toda la familia.

Llevo conmigo las imágenes de aquella noche, al igual que mantengo viva la mirada de Chum Mey, uno de los supervivientes del genocidio de Pol Pot, a quien encontré en mi visita a la cárcel de Phnom Penh. Estaba vendiendo ejemplares de su biografía en el patio de la prisión en la que estuvo recluido tantos años. Le compré un libro y le pedí una dedicatoria. Cuando sentí su abrazo, me rompí por dentro. Aquel hombre había soportado torturas inimaginables y allí estaba, con esa sonrisa y esa vejez tan digna.

En cambio, yo, un estúpido occidental, me quejaba por cualquier contrariedad y me sentía desgraciado por crecer como hijo único de padres separados.

Chum Mey, como muchos camboyanos, había perdido a toda su familia e hijos, pero seguía conservando aquel amor incondicional hacia los demás.

Aquella mirada y abrazo final llevaban consigo una lección que no olvidaré.

Cita

«Le conté al casero mi historia, cómo mi mujer e hijo
fueron asesinados, y me organizó la boda con Sam Thoeun.
No tenía ropas que ponerme.
Solo mis ropajes de la cárcel de Tuol Sleng, así que la gente
me dejó alguna prenda para poder casarme.»

«Hay un refrán jemer que dice: si un perro enloquecido
te muerde, no le muerdas tú a él, porque si lo haces
querrá decir que tú también estás loco.»

CHUM MEY
*(Survivor, the triumph of an ordinary man
on the khmer rouge genocide)*

6. El poder de la sonrisa

Sutra: **La felicidad es un estado
de ánimo**

Oriente nos enseña que el universo es uno. Las polaridades
como el bien y el mal, el yin y el yang, la noche y el día o la
felicidad y la tristeza no deben entenderse como puntos extremos o fuerzas contrapuestas, sino como la cara de una misma
moneda. Una lleva a la otra. La noche trae el día, al igual que
la luna y el sol conviven por unas horas.

Por este mismo principio, en muchas ocasiones, la felicidad se alcanza después de haber transitado el dolor y de haber
vivido experiencias dolorosas que nos han hecho crecer y so-
breponernos.

Una vida en permanente sonrisa resulta artificial. Tarde o
temprano, la máscara que oculta los problemas se caerá. Por
mucho que lo evitemos, siempre habrá momentos de dolor.
La cuestión es poder asumirlos, integrarlos y comprenderlos,
como una prueba de crecimiento y superación en el camino
que nos lleva a la felicidad.

He aprendido eso en países del sudeste asiático como Laos o Camboya, que sufrieron bombardeos colindantes a la guerra de Vietnam o la tragedia de los jemeres rojos. Por muy dura que haya sido su historia reciente, no han perdido ni un ápice de su capacidad para ser felices. Esto mismo sucede en la mágica tierra dorada de Myanmar, dominada desde hace tres décadas por una junta militar que secuestró su democracia.

Hemos visto imágenes de monjes abatidos por soldados y conocemos la historia de Aung San Suu Kyi, que vivió años de arresto domiciliario. Así que te esperas llegar a un país triste y deprimido, pero no es así. En las calles de Yangon, la gente sonríe, casi tanto como los niños de sus poblaciones rurales.

Tienen mucho que enseñarnos esas sonrisas de países supuestamente atrasados, que padecen auténticas dificultades.

Debemos aprender a vivir más allá de la queja. No exigir continuamente y no perder la paciencia por cualquier cosa. En las sociedades capitalistas nos creemos demasiado importantes y nos comportamos como individuos caprichosos.

En Asia no han perdido el sentido de la comunidad, de la camaradería y el compañerismo, especialmente en las áreas rurales.

La sonrisa es un estado de ánimo, una forma de vivir en tu cuerpo, en tu piel, contigo mismo. Hay personas que nacen felices con ellas mismas, pero muchas no tienen esa gracia innata y otras la pierden por el camino.

Mujeres y bebé en una calle de Yangon, Myanmar.

Lo importante no es tanto la sonrisa, sino lo que hay detrás de ella. El espíritu de bienestar, de estar bien con uno mismo y con lo que te rodea.

La expresión de este estado de ánimo puede ser una sonrisa en los labios o un simple brillo en la mirada.

Probablemente, la imagen que mejor recoge este estado de ánimo es la del Buda que, con una leve sonrisa, irradia paz y bienestar.

El budismo no es la clave para la felicidad, pero su premisa fundamental nos pone en el camino.

La felicidad está en tu interior. No la busques en los demás, ni en el entorno.

La cultura capitalista nos hace creer que comprar un coche nuevo o una casa nos hará felices, pero eso no basta. Tampoco debemos proyectar nuestra felicidad sobre otro, aunque sea el hijo al que ves crecer. Cada persona debe ser feliz por ella misma, no poner parches consumistas a su vacío vital o cargar la responsabilidad de su felicidad sobre otro ser.

El *Dhammapada*, uno de los textos fundamentales del budismo nos dice:

«El hombre que actúa bien es feliz en todo tiempo y, consciente de que ha obrado bien, va aumentado su dicha» (*Sutra* 18).

Por lo tanto, la felicidad depende de uno mismo, de lo satisfecho que estás con tus propios actos. No es fácil medir el concepto «actuar bien», porque es algo no cartesiano. El budismo enseña a expresarse desde el corazón, ahí sentimos que obramos bien.

«No hay mejor pertenencia que la salud, ni mayor tesoro que la alegría, ni mejor pariente que un amigo. El nirvana es la bendición más elevada» (*Sutra* 204).

La alegría es un tesoro que no hay que echar a perder, ni dejar enterrar por la esclavitud de una mente, que siempre maquina reclamando atención. Debemos escuchar más a nuestro corazón y conectar con la compasión o el amor hacia los demás.

Por otra parte, como muestra la película *Del revés*, la alegría no puede ganar la batalla y superar los obstáculos, sin la ayuda y complicidad de la tristeza.

Ser feliz no es negar la tristeza, sino saber vivir también con ella.

Lo fundamental es no vivir la vida instalado en la queja, la irritación, la tensión o la culpa.

Asimismo, debemos ser conscientes de la capacidad que tiene nuestra mente para crear la realidad, de modo que es mejor abordar las situaciones con un buen estado de ánimo, viendo el vaso medio lleno y no medio vacío.

Todo puede ser bueno o malo, solo depende del prisma con el que lo miremos. Si ciertamente es malo, hay que sentirlo como parte de un ciclo en el que, tarde o temprano, lo bueno regresará.

Siempre conviene estar atentos a nuestro estado de ánimo, porque la poderosa ley de la atracción no perdona. Si vamos por la vida de malhumor, hastiados y pensando que nada va a salir, atraeremos todo eso. En cambio, si vamos sintiendo que la vida es un privilegio, felices de poder disfrutarla, vendrán a nosotros cosas muy distintas.

La decisión es nuestra, porque la realidad es la misma, somos nosotros quienes la cambiamos según el prisma con la que la observamos.

Hay que ponerse las gafas de la felicidad, no como algo artificial, sino como algo sentido. Desde la templanza de un estado de ánimo que no se derrumba y cree en las cosas positivas, sabiendo encarar los malos momentos cuando estos lle-gan, como parte de una unidad que integra dos polaridades. Lo malo es una prueba que transitar para recuperar la felicidad. No hay que perder la esperanza.

Simplemente, prueba a ir por la vida con un estado de áni-mo positivo y una gran o leve sonrisa.

País/territorio: Myanmar

Myanmar, la antigua Birmania, es la luz, un lugar en el que te convences de lo mucho que tiene que ver el carácter de la gen-te con su entorno. Los rayos del sol filtrándose entre las nubes son aquí de una calidad lumínica muy especial. Por eso, el gran viajero y escritor Norman Lewis la llamó la tierra dorada (*Golden Earth, 1951*). Esta luz parece resplandecer también en el alma de sus habitantes, pues después de sufrir más de cua-renta años de dictadura militar, siguen manteniendo una bella sonrisa en su rostro.

Myanmar es sin duda uno de los países más felices que he visitado en toda Asia.

Thailandia posee el calificativo del país de las sonrisas y Bután mide el PBI en felicidad, pero puedo asegurar que los birmanos son gente muy feliz.

No soy capaz de descubrir su secreto, solo puedo decir que los que parecen menos felices son los que trabajan con el tu-rismo, algo bastante significativo y que puede comprobarse en áreas como Bagan o el lago Ingle. El resto, tanto en las grandes ciudades como en el campo, son gente encantadora.

Burma, como la llamaban los ingleses en sus años de ocupación, es el lugar donde la India se mezcla con el sudeste asiático. Posee una riqueza monumental y humana que abruma, con conjuntos históricos como Bagan o el entorno de Mandalay.

El país está plagado de templos budistas y cultos primitivos autóctonos en los que se venera a los *nats*, entendidos como espíritus de la naturaleza con poder de creación y destrucción. Estas creencias se incorporan de forma natural al budismo Theravada, que se practica mayoritariamente en Myanmar. Al igual que el tantrismo Mahayana del Tíbet absorbe las religiones nativas Bon para conformar el lamaísmo, en Myanmar el budismo profundo que emerge del Canon Pali se mezcla con los cultos *nat*, que aportan aspectos ocultistas y sobrenaturales.

No obstante, no hay que olvidar que el budismo Theravada es una doctrina básicamente racional y psicologista que, a diferencia de la doctrina Mahayana, cree que el individuo puede alcanzar el nirvana en vida. Se trata de una forma de budismo ascética y austera que se practica en casi todo el sudeste asiático y también en otros territorios como Sri Lanka. Una de sus grandes aportaciones al mundo de la filosofía y las religiones es la meditación *vipassana* (mindfulness), que trataré en otro capítulo de este libro.

En Myanmar, la población está compuesta por distintas etnias, los kachines o shanes del norte, los karenes o mons del sur, los vecinos thais y los bamares, un grupo dominante que se reparte por toda su geografía. Dominan las pieles morenas y los cabellos negros. Resultan distintivos los *longees*, faldas tradicionales de tela cuadriculada, que visten los hombres en el día a día para combatir el calor, y la *thanakha*, pasta de sándalo de color amarillento que las mujeres llevan en la cara como maquillaje y protector solar. Myanmar, como la India, desborda color, aromas y especias.

El país parece caminar hacia la democracia de la mano de Aung San Suu Kyi, la gran dama de la resistencia, quien, tras años de arresto domiciliario, lidera la Liga Nacional Democrática (NLD) que arrasó en las pasadas elecciones.

Myanmar es hoy un país abierto al turismo, casi virgen al poder devorador de la globalización, que preserva un talante cálido, feliz y amable.

En el norte, el paisaje resulta interesante, con espacios de montaña y selvas tropicales que se adentran en el triángulo del oro (norte de Myanmar, Thailandia y Laos), y también en el extremo sur, con playas y localidades pesqueras. En cambio, las tierras centrales son llanas y monótonas.

Las comunicaciones son correctas, en especial las carreteras, con una gran autopista que cruza el país de norte a sur, casi siempre vacía, porque los birmanos no pueden pagar sus peajes. Hay numerosos vuelos internos, solo no es aconsejable viajar en tren, dado que la red está como la dejaron los ingleses hace un siglo.

Myanmar es un bello escaparate de una sociedad rural con un budismo sosegado.

Son pocos los que viajan a este país y no se enamoran de sus gentes y del poder fascinador de su sonrisa.

Vivencias

Siempre recordaré la primera vez que fui a Myanmar. Me recibió una eterna luz dorada, que brillaba desde la inmensa pagoda Shwedagon, en mi camino desde el aeropuerto a la ciudad de Yangon. Era el año 2006, y pude aprovechar un lapso de tiempo en el que la junta militar dio permisos de entrada al país. Tuve que mentir diciendo que era economista, porque como profesor, historiador o escritor no hubiera entrado.

La primera impresión fue la de una tierra en paz y armonía, parecida a la India, pero con otro ritmo. Parecía un lugar anclado en el tiempo, ajeno a la revolución tecnológica y a los avatares del siglo XXI.

Contemplé la ciudad, con sus avenidas coloniales, desplegadas en torno a Merchant Street, sus blancas fachadas desconchadas, sobre esbeltas columnatas, que se abrían a porches para evitar la luz solar. A pie de calle, todo era un intenso mercado con gente que compartía rituales diarios como la hora del té, al que llamaban *lapayee* y servían con mucho azúcar y leche condensada, y comercios de artesanos ordenados por calles, taburetes con hombres y mujeres conversando al atardecer. Entonces no había móviles, ni siquiera tabletas o DVD.

Bajo la marquesina de un gran palacio del cinema, una fila, en mitad de una avenida. Nostalgia de otro tiempo.

Me fue imposible no desplazar mi mirada hacia la gente, dejando en segundo término la belleza monumental de la vieja Rangún. De inmediato, me cautivó el poder de su sonrisa, que no era ni forzada ni a carcajadas. Tan solo el reflejo de un plácido estado de ánimo. Creí estar rodeado de budas andantes, fueran hombres, mujeres o niños. Un sueño extraño y utópico, bajo una luz que embrujaba al caer la noche.

Hombres que portaban con elegancia pintorescos *longees*; mujeres envueltas en saris, con largas cabelleras negras, que les cubrían la espalda hasta la cadera. Un espectáculo de humanidad compartida entre sonrisas, pausas y gestos de calidez.

Como occidental, no pude hacer más que detenerme a contemplar a toda aquella gente. Pensé que no tenía sentido ver templos y adorar la sonrisa del Buda si su enseñanza no se hace realidad. Aquellos birmanos, en las calles de Rangún, parecían ser la expresión de todo lo que había leído en el *Siddhartha* de Herman Hesse o en alguno de los aforismos del *Dhammapada*.

Entonces recordé una de tantas anécdotas sobre el Buda, en la que un hombre llamado Dighajanu fue a visitarle para hacerle una pregunta: ¿qué debía hacer él como hombre sencillo y cabeza de familia para alcanzar la felicidad en este y el otro mundo?

El Buda le contestó que hay cuatro cosas que llevan la felicidad en este mundo: ser apto, eficiente, enérgico y cualificado en la profesión que se tiene; proteger y conservar los ahorros ganados con el sudor de la frente; tener buenos y leales amigos en los que poder confiar y apoyarse, y gastar el dinero razonablemente según los ingresos, ni poco ni mucho.

Para la otra vida, las cuatro virtudes eran otras: *saddha, sila, caga y pañña.* Es decir, tener fe, así como valores espirituales e intelectuales. No robar, ni matar, ni cometer adulterio o consumir bebidas intoxicantes. Practicar la caridad y la generosidad. Y, por último, desarrollar la sabiduría para acabar con el sufrimiento y así alcanzar la realización del nirvana.

Subí a la gran pagoda Shwedagon pensando en lo difícil que podía resultar ser feliz si había que cumplir conjuntamente aquellos ocho preceptos. Sin embargo, miraba a aquella gente birmana, tanto a los devotos que subían las escaleras como a los que trabajaban vendiendo estatuillas, collares o inciensos, y todos parecían llevar integrados los consejos del Buda. Todos ellos, incluidos los conductores de *tuk-tuks* y los barrenderos, parecían muy felices. Al menos, esta era mi fantasía de occidental.

Al llegar a la cima, mis cavilaciones me perdieron y el resplandor de la gran pagoda dorada me cegó. Perdí a los amigos que me acompañaban y también la templanza. Al poco tiempo, mi ansiedad debió ser tan evidente que un monje se me acercó. Apenas sabía inglés, hablaba muy despacio y su ritmo no tardó en contagiarme. Sentí el aire llenando mis pulmones y cómo, al exhalar, se iba mi excitación. El monje deseaba aprender inglés y que le contara qué pasaba en el mundo. Tenía curiosidad por saber acerca de mi interés por Myanmar.

Pasamos más de una hora conversando. Después de escuchar lo que me contaba, me sentí ridículo por mis ansias, prisas y preocupaciones. Años de dictadura, un pueblo oprimido y los monjes saliendo a las calles para defender las libertades. Encierro, aislamiento y desconocimiento de lo que sucede en el mundo. Una junta militar enriquecida y atrincherada en mansiones de lujo, extrayendo todos los beneficios de las riquezas naturales del país, así como del turismo, mientras la gente del pueblo pasaba dificultades. Riqueza para unos pocos y pobreza para la mayoría.

Ahora, con el cambio de siglo y la presión democrática, los militares se dedicaban a comprar votos en las aldeas rurales, prometiendo instalaciones energéticas. Todo valía para neutralizar la fuerza populista de la gran dama Aung San Suu Kyi.

El monje me puso un espejo delante, que me cuestionaba muchas cosas sobre mi sociedad y nuestras costumbres. ¿Nosotros, personas del mundo civilizado que venimos en busca de lo exótico para poseer la foto de un monje como instantánea de nuestra proyección de un viaje ideal, cómo podemos irnos sin saber casi nada de lo que hay por dentro? ¿Por qué somos tan superficiales, tan falsos?

Con respecto a mi persona, con su apacible sonrisa, también me sembró una serie de dudas: ¿de qué me servía tanta cultura y formación académica si no era capaz de vivir en paz conmigo mismo?

Aquel monje podía carecer de muchas cosas, pero estaba en paz, sereno y feliz.

No quiero decir que el budismo sea la clave para la felicidad, pero estoy convencido de que muchas de sus premisas pueden ayudar. Ciertamente, vivimos en el sufrimiento y la preocupación, y debemos saber salir de él.

Básicamente, el budismo predica un camino de paz y felicidad, siguiendo las Cuatro Nobles Verdades:

1. Toda existencia es sufrimiento (*duhkha*).
2. El origen del sufrimiento está en el deseo o anhelo (*trisna*).
3. Podemos acabar con el sufrimiento extinguiendo su causa.
4. Para extinguir la causa del sufrimiento, hay que seguir el Noble Óctuple Sendero, también llamado Camino del Medio (*majjhima patipada*).

El Noble Óctuple Sendero, de ocho posibilidades, puede visualizarse como la rueda del *dharma,* cuyos ocho radios representan cada uno de los preceptos del camino. En resumen, estos son: comprensión y pensamiento correctos; hablar, actuar y poseer un medio de vida honesto; tener conciencia, estar presente y meditar y aplicar la concentración adecuada a cada situación.

Todas estas virtudes deben ser desarrolladas de forma simultánea, y de todas ellas, probablemente, las más esenciales son la compasión como forma de actuar correctamente y la sabiduría para desarrollar las cualidades mentales.

Precisamente, a mi modo de ver, el carácter mental del budismo puede ser uno de sus puntos más discutibles, porque genera una vía excesivamente fría y racional.

Pese a ello, el monje que tenía delante, y del que no supe ni su nombre, era pura calidez. La tarde caía y pronto iba a oscurecer cuando entramos en los detalles del *Camino Medio*. De alguna forma, habíamos superado los obstáculos lingüísticos del principio. Su inglés había ido fluyendo cada vez más, y allá donde no llegaba, buscábamos la manera de entendernos.

El Camino Medio consiste en evitar los extremos. No se trata de entregarse al optimismo de una vida hedonista, en la que colmamos todos los placeres sensoriales de forma inmediata, ni de encerrarse en la vía pesimista del ascetismo y la renuncia de todo. Le planteé que esto era lo mismo que proponía Joseph Campbell en su viaje del héroe: integrar las polaridades, y que también podía ser lo mismo que el yoga llamaba mente neutral. Le hablé del concepto de vacío fértil, de la psicología Gestalt.

Pareció interesarle mucho todo lo que se refería a conceptos budistas, explicados desde la perspectiva occidental y la visión que el otro tenía del budismo.

Sentí mucho respeto por su entrega y por esa forma de compartir tan desinteresada. Me citó al monje Ashin Thittila, que había dado muchas conferencias por Occidente y cuyas enseñanzas se recogían en un libro, que por suerte pude encontrar.

Vivimos colgados en los extremos, cuando podríamos encontrar el equilibrio entre ambos.

Al acabar la conversación, me sentí en paz, pero completamente aturdido. Yo era uno de esos que viven en los extremos.

Estoy muy bien cuando viajo, pero cuando regreso, todo me parece un desastre. Me pongo hiperactivo o me tiro en el sofá. Soy cariñoso o me muestro distante. Estoy de buen humor o muerdo.

Me sentí mal e impotente ante la lección del estado de ánimo de placidez del monje.

En ese equilibrio del Camino Medio debía escucharme más, mirar más hacia dentro y no estar en la proyección exterior. Parar más y no vivir en la hiperactividad. Olvidar los planes, la vida programada, y dejar que las cosas sucediesen, dándome tiempo para saber quién soy.

Resulta muy fácil decirlo, pero todavía estoy en el camino, aprendiendo un poco cada día. En ocasiones, cediendo terreno, aunque lo aprendido te guía para seguir avanzado. Por algo, los sabios de la antigüedad y los profetas de todas las religiones marcaron el sendero. Todos recorrieron el mismo itinerario, que nos descubre una vía, que más que al nirvana o el cielo puede conducirnos a una vida más feliz, simple y auténtica.

En relación con otras religiones, el budismo añade un concepto que cuesta asimilar, del que queremos huir, para no creer. Sin embargo, si lo integramos, puede llegar a desnudar uno de los mecanismos de nuestra mente que más infelices nos hace: nuestro yo, nuestra identidad o *self* no existe.

Esta es una de las enseñanzas claves del Buda, que no contempla ni la existencia de un alma eterna en nosotros. Nuestro ego o sentido de identidad es algo imaginario y falso, que nos atormenta, generando deseo, apego, orgullo y ambiciones. Casi todos nosotros pasamos la vida queriendo satisfacer las necesidades de este ego, cumpliendo los requisitos que nos pide la máscara o el personaje que nos hemos creado. El día en que dejemos de hacerlo, nos habremos liberado de una carga de la que no somos conscientes.

Al volver a la ciudad, me sentí perdido. Las nubes flotaban en el cielo, bajo un crepúsculo ceremonial que evocaba la cera de una gran vela deshaciéndose sobre un cuenco dorado.

Mi persona se desintegraba por instantes y me dejaba llevar por la riada de gente que deambulaba por los mercados. El sol se entregó a la noche y dormí hasta llegar a Bagan, que se apareció como la imagen de un sueño. Abrí los ojos en un avión de hélices. Entonces vi un oasis sobre un desierto en el que brotaban miles de templos y estupas, fundidos en la arena, bajo un horizonte sacralizado por un dios solar que evoca el origen de los tiempos.

Era el Valle de los Reyes del budismo. Sobre un carromato, tirado por un burro, como si fuera un montón de paja, iba con una pareja de amigos viajeros y tres niños locales.

Yetu, un anciano del pueblo de Nyaung U, nos conducía por los viejos caminos, para ver maravillosas pagodas que en su interior albergan pinturas murales y tallas del Buda, que descubríamos a la luz de una vela, como si fueran fantasmas de un pasado glorioso.

En un ritualizado silencio, tanta belleza era alimento para el alma, que se recogía en la paz de los buenos sentimientos.

Horizonte de pagodas en Bagan, Myanmar.

Piedras que te hablaban, imágenes de dioses sonrientes y niños jugando, mientras el anciano daba de beber al burro, agradeciendo su trabajo. Un mundo de sonrisas y bellos gestos que se sucedían a cámara lenta.

Viajamos para vivenciar, para contemplar, no para acumular, ni atesorar. Las fotos son trofeos que quedan en un disco duro. Las experiencias son tesoros que llenan tu corazón, reductos a los que acudir cuando los necesitas, lecciones de vida para no olvidar. Mis amigos Teo y Mariano, fotógrafos de profesión, eran felices por el placer estético y visual que podían capturar. El verdor de los campos de arroz, los colores del trópico y la belleza de la antigüedad... Pero incluso ellos, apegados al visor de la cámara, eran conscientes de la vibración y la energía de aquel lugar.

En Bagan vivíamos felices, encapsulados en el tiempo propio de las sociedades agrarias, siguiendo el ritmo del sol, deslumbrados por la belleza de sus templos y la calidez de su gente.

En un principio, yo iba programado para ver el mayor número posible de templos y llegar hasta Mandalay, para luego acabar en el lago Ingle, pero tuve que desprogramarme.

Acabé rendido al arte de perder el tiempo, dejando pasar las horas contemplando las nubes. Viendo a Jojo y Ye Hla jugar con una pelota de fútbol, me fui al niño que había sido. El recuerdo vivido en presente abrió mi corazón, y mis labios esbozaron una sonrisa. Sentí que me podía relajar. Jugué con ellos y con otros niños, cuyos nombres no recuerdo. Ellos se sabían la alineación del Barça de memoria y, cuando pronunciaban el nombre de Messi, Xavi o Iniesta, su cara se iluminaba.

Nada se podía comparar a la ilusión de aquellos niños polvorientos, llenos de espíritu de supervivencia y con corazones de oro que se negaban a sentirse desdichados, por mucho que su país estuviera en la miseria.

No hay viaje más rico que el retorno a la infancia y poder conectar con la pureza de su estado de ánimo. La edad adulta nos aprisiona y condiciona, reprimiendo partes que son nuestras. Debemos madurar y ser adultos, pero no a costa de perder la esencia del niño que llevamos dentro.

Esta es la gran lección que me llevé de mi primera visita a Bagan. Su valor está por encima del tesoro de sus templos y pagodas.

Un par de años antes, en la India, yendo en tren hacia Benarés, una niña me había mostrado el camino. Los niños en Asia son muy poderosos, porque siguen siendo niños que juegan en la calle y sonríen expresando lo que llevan dentro, sin esconder nada. Te miran directamente a los ojos, son libres, no tienen miedos y están bien despiertos, porque no parecen anulados por la sobreprotección de sus padres.

Cuando viajas a un país budista como Myanmar, continuamente vives escenas en la calle que expresan un estado de ánimo más armonioso que el nuestro. No hay enfado, no hay mala leche, no hay protesta.

Dos jóvenes venden mangos bajo una roída sombrilla durante todo el día, a pleno sol, hasta que se les viene encima una torrencial lluvia monzónica.

Los veo desde la ventana de mi hotel. A ojos de un occidental, son la imagen de la miseria, pero a ellos les está bien, parecen felices. No se quejan, sonríen y aceptan lo que viene. Me enseñan, una vez más, que una situación conlleva la felicidad o desdicha, dependiendo de cómo la vives y cómo la afrontas. Esos vendedores tienen muy poco, pero no parece importarles, hablan entre ellos, contemplan la calle y, si llueve, se protegen. Si venden poco, ya volverán al día siguiente. No se les ve angustiados, ni preocupados. Parecen sentirse protegidos por un dios que anida en su interior y en todas partes.

Patanjali en los *Yoga Sutras* nos dice que «la paz mental se obtiene mediante el cultivo de la simpatía hacia las personas felices, la compasión por los infelices, el deleite en la virtud y la indiferencia hacia los malvados».

Al volver del monte Popa, no muy lejos de Bagan, paramos en una carretera perdida, junto a un grupo de autocares, en lo que parecía un posible restaurante. Bajo las lonas de una tienda, dos mujeres metidas en una cocina preparan comida para todos durante horas. Arde el fuego en un costado, calentando la gran olla. Olor a cúrcuma y chile, en un aire pegajoso. Las paredes de terracota y hollín dan una atmósfera de otro tiempo. No puedo contenerme y tomo algunas fotos. La textura y el embrujo del fuego son fascinantes.

Las mujeres me abrazan con sonrisas prolongadas y me dan a probar el guiso. Ríen al ver mi cara y estallan en carcajadas al ver las fotos reflejadas en la pantalla. Nos invitan a quedarnos allí dentro de la cocina y nos sentamos en banquetas junto al fuego, para comer unos pastelillos de arroz y frutos secos que se niegan a cobrarnos.

Son ancianas con espaldas curvas, de arrugas sinceras y ojos traviesos. No recuerdo mayor hospitalidad.

Dos conductores del taxi que nos lleva desde Yangon a Bagan, en una larga travesía por carreteras secundarias, nos invitan a su habitación para compartir la bebida y la comida que han comprado con el dinero que les pagamos.

Nos ofrecen whisky, un tesoro que pocas veces se pueden permitir, y unos *pad thai* tradicionales. Quieren celebrar con nosotros el dinero que han ganado. Cenamos juntos en el porche de su cuarto, junto al estanque en el que se reflejan las estrellas del firmamento. Cantan los grillos y las plegarias se pierden en la lejanía. Siento que tienen un tesoro que no se paga con dinero. Algo que tiene que ver con el talante de la gente y su tierra.

Son escenas de Myanmar, momentos que retratan la importancia del carácter de una gente que sabe vivir feliz. Un mundo que nos enseña que algo perdimos en el trasvase de las sociedades rurales a las modernas metrópolis tecnocráticas.

Algo que tal vez debamos recuperar para devolvernos las sonrisas y el saber estar bien con uno mismo, eso que el budismo y otras religiones orientales predican y que, en lugares como este, se hacen realidad.

Citas

«Todos los estados anímicos nacen en la mente.
La mente es su fundamento y solo ella los crea.
Si alguno habla o actúa según pensamientos puros,
la felicidad le perseguirá como una sombra fiel.»

Dhammapada, sutra 2

«Reiterar en la bondad produce la felicidad.
Así pues, obrad bien una y otra vez.»

Dhammapada, sutra 118

«Muchos años hube de emplear en disipar mi espíritu, desaprender lo pensado y olvidar la Unidad. ¿No es un poco como si, lentamente y a través de grandes rodeos, me hubiera convertido de hombre en niño o de pensador en hombre niño? No obstante, ha sido un camino excelente, y el pájaro que moraba en mi pecho no llegó a morirse.»

HERMAN HESSE, *Siddhartha*

7. Naturaleza, armonía y zen

Sutra: El paisaje interior depende tu entorno

Si vives en una ciudad, rodeado de hormigón y con altas dosis de polución, sin apenas ver el cielo, es probable que te vuelvas gris, espeso y sin brillo. Esto sucede en nuestras ciudades, pero también en grandes metrópolis asiáticas como Delhi o Pekín.

En cambio, si habitas en un lugar como Srinagar, entre montañas, viendo el rosado amanecer entre flores de loto sobre las aguas del lago, tus sentidos se colman y tu alma se dulcifica.

Somos lo que nos rodea. El entorno condiciona nuestro paisaje interior.

La relación entre nuestro interior y nuestro exterior es absoluta y de doble dirección. No solo importa lo que comemos y consumimos, sino dónde habitamos y en qué espacios nos movemos.

Como demuestran los bellos jardines minimalistas de los templos zen japoneses, su orden, equilibrio y armonía son un reflejo de quienes los habitan y cuidan. Ahí, es el ser humano quien proyecta su estado de ánimo armonioso y equilibrado, para construir un paisaje natural minimalista.

Templo de Ryoanji, Kioto, Japón.

Estos jardines zen sirven como un mandala que expresa un estado de ánimo y, a su vez, como espacios en los que meditar. Su contemplación activa los sentidos y, desde el orden y la armonía, calman nuestra mente.

Creo que cualquier turista que haya permanecido más de diez minutos contemplando los bellos jardines de Ryoanji o Daisenin, ha experimentado esta sensación, aunque las bandadas de visitantes perturben la atmósfera del lugar.

> «¡Ah, la frescura!
> La luna, arco apenas
> sobre el Ala Negra.

Picos de nubes
sobre el monte lunar:
hechos, deshechos.

Sobre Yudono,
ni una palabra: mira
mis mangas mojadas.»[1]

Matsúo Basho compuso este poema un anochecer al regresar de su visita por tres de los montes más bellos de Japón: el Ala Negra es el monte Haguro, el monte de la Luna es el Gassan, y el tercero, el Yudono. Al mezclar su diario de viaje con breves poemas o *haikus*, la narrativa de Basho se considera una de las cimas de la literatura japonesa.

Como buen discípulo del monje zen Buccho, su vida y obra concuerdan con el sentido de austeridad y pureza de esta derivación del budismo que tanto ha calado en Occidente.

Su obra es un claro reflejo de cómo el paisaje incide en el alma del ser humano.

En el poema citado, la expresión mangas mojadas se entiende como «con mis lágrimas»: la emoción que el poeta siente al ver la montaña.

Como puede verse, la poesía zen antecede al romanticismo literario europeo en cien años, pues Basho es el del siglo XVII y Byron, por ejemplo, del XVIII.

1. Matsuó Basho. *Sendas de Oku*. Atalanta, Girona, 2014, pág. 132.

El paisaje creado por la naturaleza genera una profunda impresión en el ser humano que la habita y condiciona su estado de ánimo. Una clara prueba la tenemos en el vitalismo de los países que cada día gozan del sol y en el existencialismo introspectivo de los que, durante gran parte del año, solo ven cielos nubosos.

En pintura, sería el contraste entre un cuadro de Delacroix y otro de Turner o Friedrich. Por este mismo principio, quienes viven entre las montañas, con aire puro, ríos y árboles poseen menos agresividad, prisas e ira que quienes habitan en junglas de asfalto, con cláxones y rascacielos de cristal.

Tendemos a olvidar que procedemos de la naturaleza y que debemos mantener contacto con ella. Su ausencia nos convierte en autómatas urbanitas con todo tipo de patologías y neurosis. Entonces, queremos pastillas y píldoras mágicas que lo solucionen. Sin tener en cuenta que, simplemente, saliendo a contemplar cómo el viento mece los árboles en el bosque podemos apaciguar nuestra mente y sanar los problemas.

Una solución pasa por vivir en entornos naturales, algo que cada día va siendo más fácil, gracias a tecnologías que permiten el teletrabajo, pero si esto no es posible, podemos realizar viajes y escapadas en busca del contacto con la naturaleza.

Una y otra vez, es posible recorrer las *sendas de Oku*, al menos esto es algo que me propongo a menudo, por los Pirineos, ya que los tengo cerca.

La naturaleza está ahí esperándonos. El caminante y poeta Basho es el maestro que marca el camino, solo hay que seguir sus pasos, viajando y aprendiendo a escuchar la armonía de la naturaleza.

Personalmente, Basho me alcanza más como viajero y vagabundo errante que como poeta. Su viaje entre posadas, ermitas y monasterios es un compendio del arte de viajar, con bellas descripciones de cómo la naturaleza impacta en el ser humano.

El cuervo sobre el árbol, la luna sobre la cima o el brillo de la luz sobre una piedra pueden transformar nuestro paisaje interior. Para ello, necesitamos preservar nuestros espacios naturales, algo en lo que Occidente va más avanzado, si hablamos de la recuperación de zonas verdes para las ciudades. Asia va unos pasos atrás en cuanto a conciencia ecológica, si pensamos en países como China o la India, con ciudades tan contaminantes como Pekín o Delhi. Sin embargo, Asia es muy rica en zonas rurales y posee grandes espacios bien preservados, como la cordillera de los Himalayas.

Los paraísos naturales siguen existiendo, pese a la amenaza del hombre y, por fortuna, cada vez hay más conciencia ecológica en las formas de activismo propias del siglo XXI. No es tan solo una cuestión de alimentación vegetariana o biológica, sino de acercar tu cuerpo y persona a la naturaleza.

Pueden ser mares, montañas o desiertos y mejor si es un espacio remoto, pero si tu rutina no lo permite, puede bastar un simple paseo en bicicleta que te permita salir de la ciudad para contemplar el cielo al atardecer.

Como dice Alan Watts, no se trata de volverse un ingenuo salvaje que regresa a lo primitivo, renunciando a la vida moderna, sino de integrar ambas de forma equilibrada.[2]

«Uno casi podría decir que lo primitivo es la Naturaleza, pero ambas, la mente y las circunstancias externas en las que el hombre moderno vive, forman parte de su mundo mecánico, artificial e intelectual. Este es un estadio necesario en su desarrollo que precede a una unión que no es el retorno a su condición primitiva, ni tampoco una identificación con ella, sino una cooperación en la que la unión y la diferencia están equilibradas. Este es un sentido orgánico, diferente tanto a la fluidez indiferenciada como a la visión conflictiva. Por tanto, no es tanto una cuestión de "volver a la Naturaleza" o llevar "una vida sencilla". Ninguno de los beneficios de la civilización debe ser abandonado a favor del retorno a la Tierra, la condición animal liberada del subconsciente; no hay que abolir las formas civilizadas, no están implicadas costumbres y tradiciones, ni el exterminio de la máquina e industrialización, no es preciso reducir la cultura a sus niveles primitivos. Lo que es necesario es relacionar civilización avanzada con naturaleza, no la sustitución de la naturaleza por civilización.»[3]

---

2. Hay que tener en cuenta el impacto de los preecologistas norteamericanos del siglo XIX como Thoreau, Emerson o Whitman, que sí planteaban un retorno a lo salvaje, cargando contra la sociedad industrial del progreso tecnológico, en su *revival* a mitad del siglo XX, coincidiendo con los tiempos de Alan Watts.
3. Alan Watts. *The legacy of Asia and Western Man*. J. Murray, Londres, 1937, págs. 87-88.

Las últimas frases me parecen clave. No hay que sustituir la naturaleza por la civilización, sino relacionarlas, buscando un punto de encuentro. Nos pierden los extremos, los polos opuestos, o el eremita ecologista o el urbanita tecnocrático, cuando podemos integrar ambos mundos en una armonía que le haría bien a nuestro cuerpo, mente y espíritu.

Estas condiciones de integración pueden darse en algunas zonas de la costa oeste norteamericana, precisamente donde vivía Alan Watts, una figura fundamental, que todavía no había aparecido citada en este libro. Watts fue un gurú de la contracultura norteamericana de los años sesenta a quien mis padres tuvieron el privilegio de conocer. En casa, siempre hubo libros de él por todas partes, así que no es de extrañar que fuera una de mis lecturas del final de la adolescencia, poco antes de emprender mis viajes por Asia. Inglés de origen, Watts llegó a Estados Unidos en 1938 y, después de ser capellán episcopal y miembro de la Universidad de Harvad y la Bollingen Foundation, se estableció en su *house boat* de Sausalito, frente a San Francisco, llevando la American Academy of Asian Studies y dando conferencias por todo el mundo sobre las distintas filosofías orientales.

Watts no tenía ninguna duda de que el hombre de las sociedades industriales capitalistas estaba separado de la naturaleza, y de que, al igual que no podemos vivir escindidos del espíritu, tampoco lo podemos hacer desconectados del entorno natural. Sus palabras hablaban de llegar a la naturaleza cortejándola, no luchando contra ella.

Recuerdo cuando visité la montaña sagrada de Huashan, en China, cerca de Xian. Al llegar a la cumbre, rodeada de templos taoístas, vi la emoción de un grupo de jóvenes, que se quedaban a pasar la noche al raso. Iban todos con prismáticos y telescopios. Pregunté por el motivo de tanto interés, y me respondieron que era la primera vez que iban a ver la luna. Después de casi veinte años viviendo en Xian, no la habían visto jamás.

La naturaleza es una parte muy importante de nosotros y no debemos vivir desconectados de ella. Si la escuchamos como hacen los sabios taoístas, si entramos en comunión con sus vibraciones y aprendemos de su armonía, comprenderemos muchas cosas y sanaremos muchos problemas.

El pintor taoísta, cuando pinta un pájaro sobre una rama o una caña de bambú en el vacío, busca el contacto con la naturaleza. En ello, es de capital importancia el ritmo, saber conectar con la cadencia de la naturaleza, eso que el taichí lleva a la práctica con movimientos corporales ralentizados.

La cuestión es que no podemos describir el orden de la naturaleza en palabras, solo la pintura o la poesía *haiku* con su minimalismo sugerente pueden hacerlo.

Tenemos que seguir aprendiendo de la naturaleza como han hecho las tradiciones ancestrales. Debemos volver al origen. Aprender de la naturaleza y vivir sintonizados con sus vibraciones, esto es lo que el sabio Raimon Panikkar llamaba *ecosofía*.

La naturaleza nos marca los ciclos de las estaciones y de la vida, por mucho que la globalización amenace con perturbarla.

En Asia, los Himalayas, en su desbordante monumentalidad, y los jardines zen, en su armoniosa pequeña escala, son los dos espacios que propongo visitar para comprender lo mucho que la naturaleza incide en nuestro estado de ánimo.

Las montañas de los Himalayas nos enseñan lo pequeños que somos y a entender que somos parte de un todo.

Asimismo, los jardines zen muestran cómo el ser humano puede expresar lo que anida en su interior desde la creación de espacios naturales.

País/territorio: Kashmir-Japón

Desde hace ya muchos años, Kashmir es una región remota y poco visitada por el turismo debido a su condición de territorio fronterizo entre la India y Pakistán, es decir, un centro de tensiones. Por ello, viajar hasta este valle a tres mil metros, entre montañas, que los locales llaman directamente «el cielo en la Tierra», no es algo sencillo y, más que permisos, se precisa valor y algo de suerte para que no estalle el conflicto cuando se está de visita.

Debido a las sinuosas carreteras, lo mejor es viajar en avión desde Delhi o Amritsar. Una vez en Srinagar, resulta obligado alojarse en una de esas *house boats* que los ingleses construyeron en tiempos del imperio sobre el lago Dal, debido a la prohibición local de edificar sobre su territorio.

Despertar sobre el lago y desplazarse en una minúscula góndola entre flores de loto es toda una experiencia.

Las aguas calmadas del lago reflejan cielos imposibles entre rosas, rojos y dorados, que viran a violetas. Los cantos de las mezquitas en la letanía. El rumor del agua sobre un horizonte circular de montañas nevadas.

Este lugar fue reposo de diversos emperadores mongoles, que construyeron a orillas del lago bellos jardines y palacios que no hay que perderse. Anteriormente, los hinduistas edificaron un antiquísimo templo dedicado a Shiva sobre una de las colinas próximas a la ciudad. Desde allí, se contemplan grandiosas vistas.

Srinagar es un paraíso natural que parece detenido en el tiempo, como una Venecia de las cumbres. La habitan gentes con fama de belicistas, que simplemente defienden su patrimonio ante dos superpotencias, conscientes de vivir en un lugar de gran belleza.

Los cachemires no se sienten ni indios ni pakistanís, sino hijos de este precioso valle en las alturas.

Desde Srinagar, es posible realizar salidas de un día a las altas cumbres, hacer peregrinaciones a lugares sagrados como la cueva de Anarnath o seguir la escarpada carretera, que lleva a Leh en dos jornadas. Este es un viaje muy recomendable, ya que cruza parajes alpinos como Sonamarg, coronando pasos como el Fotu La, a 4.100 metros de altura, y finaliza entre paisajes lunares propios de la meseta tibetana.

Japón resulta un país fascinante que aúna modernidad y tradición. Sin duda, se trata de uno de los destinos más cómodos de Asia y, desde hace unos años, ya no resulta tan caro. Las comunicaciones son muy buenas, gracias al tren bala (Shinkasen), que cruza el país en pocas horas, además de poseer una extensa red de trenes que cubre casi todo el territorio.

Para visitar jardines zen, hay que ir a Kioto, la ciudad que reúne centenares de templos, no solo zen, sino también sintoístas. Muy cerca, está la localidad de Nara, que alberga un conjunto monumental de los tiempos samuráis, en mitad de una naturaleza frondosa repleta de árboles centenarios. A una jornada de viaje, está el monte Koyasan, lugar sagrado igualmente repleto de templos.

Si simplemente se quiere contemplar el arte de los jardines zen, con una visita a Kioto es suficiente.

La armonía y el esteticismo de estos jardines de piedra o musgo, acompañados de fuentes y adornos minimalistas, se traslada a la presentación de los platos de la gastronomía nipona que dibuja composiciones naturales, sembradas de flores y hojas verdes.

La ceremonia del té forma parte del aprendizaje de las esencias del zen que se relacionan con la belleza del vacío, desde una refinada austeridad que templa el alma.

Cada día, los monjes cuidan de estos jardines zen con rastrillos, que son pinceles con los que dibujan olas en la piedra. El sentido minimalista magnifica el detalle y toda estridencia desaparece para conformar una unidad sobrecogedora para el que la contempla.

El pequeño paisaje de un jardín es como el espejo del alma, un arte que deberíamos aprender a cultivar para templar nuestro espíritu día a día.

Mis jardines favoritos son los de Shisendo, Tokaian y Ryoanji.

Vale la pena alojarse en las casas tradicionales japonesas, llamadas *ryokans*, algo más caras que algunos hoteles, pero que permiten vivir en espacios zen, con suelos de tatami, puertas correderas y baños *onsen* con aguas termales. La experiencia de habitar en una de estas casas permite entender el sentido de la pulcritud, educación y delicadeza de la cultura japonesa. Un país que puede definirse desde el silencio, el elogio de la sombra, la más bella simplicidad, la tecnología, el trabajo y el culto a la naturaleza.

El contraste entre sus espacios naturales y la modernidad de sus metrópolis futuristas como Tokio y Osaka resulta descomunal. Pese a ello, en Japón todo parece responder a un orden y un control que, en ocasiones, puede ser excesivamente perfeccionista o racional.

Viajar a Japón es toda una experiencia. Vale la pena invertir tiempo y dinero, pero, dada la distancia, no recomiendo una estancia de menos de tres semanas. Los dos días de *jet lag* quedan compensados por la rapidez de sus transportes.

Vivencias

Mis días en Srinagar, la capital de Kashmir, me traen el recuerdo del rumor del agua, que mecía la *house boat* en la que me alojaba. Dormía en una lujosa embarcación de madera con arabescos. Allí, las noches eran cálidamente silenciosas. Despertabas con la sonrisa del capitán del barco que ejercía las funciones de mayordomo, sirviendo un desayuno sobre mantelería de hilo y vajilla de plata, como si el tiempo se hubiera detenido en el esplendor del Imperio británico. *Pancakes*, galletas de mantequilla y el excelente té de las montañas que los locales mezclan con diversas especias, como el cardamomo y el clavo. Escenas interiores sobre alfombras de preciosos bordados, que anticipaban la opulencia floral y colorista del exterior. Al amanecer, el lago Dal aparecía cubierto de una tenue neblina que llenaba de rosas y lilas las aguas convertidas en espejo de unos cielos de ensueño. Sobre este lienzo natural, las flores de loto brotaban por todas partes, con sus tallos esbeltos como blancas campanas, saludando al nuevo día. Una barcaza sobre el musgo cubría el agua. Ondulaciones infinitas a sus lados, mientras mi mente quedaba aturdida ante tanta belleza. Reino de los sentidos, en el que apenas podías hacer nada más que contemplar, mudo, absorto, deslumbrado.

En un lugar así, todo cuanto llevas en tu interior solo puede limarse, pulirse y transformarse, aunque solo sea por unos instantes, rindiéndose a las sensaciones de un entorno natural en plenitud. No importa el tiempo, sino el hecho de que tu alma entre en sintonía con el lugar que le rodea.

Los problemas, las angustias y la basura emocional que te acompañan desaparecen para convertirse en oro, en luz que desde el paisaje natural exterior irradia una paz y serenidad que penetra por tus poros y sentidos hasta pulsar tu alma.

Hay quien no precisa visitar un lugar como el lago Dal para conseguir ese estado, pero a lo largo de la historia han sido muchos los pintores o poetas que han experimentado cómo esta belleza del entorno en su esplendor natural cambia nuestra mirada y nuestro estado de ánimo.

Esta es la base estética y filosófica del movimiento romántico, surgido a la par que el triunfo de la sociedad industrial mecanizada, cuya rueda de progreso nos apartó del reino natural para concentrarnos en ciudades.

En paisajes remotos y silenciosos en los que la naturaleza se expresa, descubres que en tu interior puede haber bondad, armonía y paz. Al menos, así lo experimenté yo en mis días en Kashmir.

Una vez que has tenido esta visión, puedes preservarla como un tesoro al que regresar. Guardo conmigo el recuerdo de los amaneceres sobre el lago Dal, saliendo en una *shikara* (canoa tradicional) para visitar el mercado matinal. Como en otros viajes, lo importante no era el destino, sino el itinerario, y recorríamos las aguas tranquilas mientras los pájaros saludaban al nuevo día.

Cuando llegaba el atardecer, el espectáculo lumínico sobre las aguas era colosal, con una variedad de tonalidades que parecían imposibles. La belleza y el placer estéticos templaban el carácter y alimentaban el espíritu del más profano.

Allí, en Kashmir, había poco que hacer, tan solo sentarse a contemplar y pasear a orillas del lago. Las oraciones planeaban desde los minaretes, fundidas con el canto de los pájaros, que se perdían entre montañas majestuosas. Una naturaleza primigenia que acallaba tu mente en la hora mágica.

Una tarde, subí a un viejo templo hinduista dedicado a Shiva que estaba situado en lo alto de una colina y ofrecía unas magníficas vistas de la ciudad Srinagar y todo el lago. Desde ahí, pude ver más próximas las montañas que enmarcaban el valle con cumbres que rondaban los 3.000 metros. Dentro del templo, reinaba la oscuridad creada por unas gruesas paredes de piedra en forma apiñada, que se cerraban como una flor de loto cuando está plegada. Por la única y estrecha puerta, se filtraba un rayo de sol que incidía justo sobre el gran *lingam* de Shiva, que ocupaba la parte central del templo. Estaba ante un vestigio de la rica historia espiritual de Kashmir.

Esta tierra tuvo una gran reputación como centro de enseñanza y difusión de conocimiento, tanto en el budismo como en el hinduismo. Aquí fue donde el rey Kaniska, en el siglo III a.C., decidió enviar a más de quinientos monjes y novicios, que codificaron algunos de los más importantes discursos del Buda (*Abhidharma*) y transcribieron a tablillas de cobre el canon completo del *Tripitaka*.

Más tarde se desarrollaron las escuelas Mahayana, mientras las fronteras de Kashmir se extendían hacia el oeste, ocupando zonas del Asia Central, contribuyendo así a la difusión del budismo en esta zona. Durante el siglo V, profesores de yoga como Dharmabhiksu atrajeron a un gran número de estudiantes de China y de la misma Kashmir, momento en el que también se tradujeron importantes textos budistas al chino.

La reputación de Kashmir como centro espiritual llegó a atraer incluso a los tibetanos, que escogieron importar desde aquí su religión. El primer rey del Tíbet, Srong-bcansgampo, envió al discípulo Thonmi Sambhota al budismo Mahayana, que además incorporaba partes del tantra y que poseía cultos vinculados, tanto dentro de esta religión como en el hinduismo.

El tantrismo tuvo su máximo desarrollo sobre los siglos x y xi y tiene como principio fundamental la unión de polaridades, algo que en Kashmir se vincula mucho a la escuela del shivaísmo primitivo. Su fundador fue Amardaka en el siglo viii, aunque parece haber constancia de algunos templos dedicados a Shiva ya en tiempos del emperador Asoka, algo que parece difícil, porque los primeros templos que se encuentran en la India son del siglo iii a.C.

El templo que yo estaba viendo era del siglo xi, aproximadamente, pero mantenía el halo de un culto muy remoto. La inmersión en la oscuridad para adorar el falo de Shiva conectaba con los ancestrales ritos de fertilidad de todo el mundo antiguo. El silencio y la sensación de estar en una gruta te transportaba al origen de todo, al útero materno o a la oscuridad de la que procedemos, el lugar en el que te encuentras con el Uno. En el *Maharthamañjari*, uno de los textos fundamentales del shivaísmo, Shiva es considerado...

«... el artista perfecto que, sin necesidad de lienzo o pincel, pinta el mundo de las imágenes. En el instante en que él imagina, surge la espontaneidad perfecta en cada aspecto. Los colores que él utiliza son las distintas sombras y gradaciones de su propia energía *spanda* y la mediación de su propia conciencia. El universo es coloreado por el tinte de su propia naturaleza (*svabhava*), por el poder de la conciencia de Shiva.»

La energía *spanda* se entiende como la vibración o pulso de la conciencia.

La doctrina de la vibración se basa en experimentar esta energía. Mark Dyczkowski, uno de los mayores expertos mundiales de tantra y shivaísmo, al que pude conocer en Benarés, donde vive y ejerce de profesor desde hace muchos años, lo explica así:

«El principio de la doctrina de la vibración es la experiencia contemplativa que posee el yoga del despertar en su verdadera naturaleza que percibe el universo y actúa sobre la conciencia. Cada actividad en el universo, así como cada percepción, noción, sensación o emoción en el microcosmos, decae o fluye como parte del ritmo universal del que el dios Shiva es su agente y perceptor. De acuerdo con la doctrina de la vibración, el hombre puede alcanzar su verdadera naturaleza siendo Shiva, experimentando la energía *spanda*, la dinámica, recurrente y creativa actividad del absoluto».[4]

4. Mark Dyczkowski. *The Doctrine of Vibration*. State University Press, Nueva York, 1987, pág. 21.

Todos somos parte del ritmo universal de Shiva, y conectándonos con su energía dinámica y creativa podemos darnos cuenta de nuestra propia naturaleza.

Salí de aquel pequeño pero profundo templo conmovido, consciente de la necesidad de humana de integrarse con algo superior, sea un dios o la naturaleza impresionante, que me rodeaba desde las alturas.

Los gritos de los militares que atrincheraban el recinto me devolvieron a la realidad. Hay que tener en cuenta que Kashmir es hoy un territorio hostil, porque la India y Pakistán se disputan su territorio. Este pequeño templo dedicado a Shiva representa un bastión del hinduismo en pleno islamismo. Aunque Kashmir siga perteneciendo a la India, la religión claramente dominante es el islam, con las múltiples mezquitas que se agrupan en el centro de Srinagar y los bellos cantos que brotan desde los minaretes cada amanecer y atardecer.

Allí, en Kashmir, las noches eran intensamente estrelladas y mis compañeros de *house boat*, un largo número de divertidos taiwaneses, subían a la cubierta de la embarcación, que ejercía a su vez de tejado, para plantar sus telescopios para contemplar la galaxia. Uno de ellos incluso llevaba un puntero, con el que daba improvisadas lecciones de astronomía. Compartimos cervezas y vivimos una borrachera de estrellas, en la que la magia de aquella naturaleza en estado puro instaló la alegría en todos nosotros. No importó el idioma ni las formas. Bajo aquel manto de estrellas, éramos seres felices, apenas conscientes de dónde veníamos ni a dónde íbamos. Fue como si el tiempo se parara y la mente se fuera a dormir.

Recuerdo que en alguna ocasión me acosté tarde y me perdí el amanecer. Afortunadamente, había previsto pasar casi diez días en aquel lugar, antes de partir hacia Leh, siguiendo una de las carreteras más elevadas del planeta.

Llegó el día de partir y me costó abandonar aquel paraíso que es el valle de Kashmir. La vida debía seguir su curso y me conformé, pensando que sería irreal permanecer siempre allí, en aquella tierra que el poeta Abhinava describió como el lugar de los adeptos al tantra. Donde hombre y mujer se encontraban para beber el vino que inspiraba a los tímidos amantes y les daba confianza para que jugaran en las corrientes de los bellos jardines, entre las flores de azafrán que crecían como ofrenda a las tres diosas del shivaísmo trika.

Hoy, Kashmir sigue persiguiéndome como un sueño cargado de esencias y sensaciones, y la visión de una naturaleza resplandeciente.

Al adentrarme en las montañas por la serpenteante carretera, todavía pude comprobar mejor la magnificencia de las montañas de los Himalayas, que poco a poco, dejaban las verdes praderas para volverse tierras lunares de colores, terrosos y violáceos.

De camino a Leh, descubrí preciosos templos budistas, apenas transformados por las formas del turismo y las revoluciones culturales de la próxima China.

Yaks en la inmensidad de la meseta tibetana.

El monasterio de Lamayuru sigue siendo para mí uno de los más puros que he visitado. En un enclave único entre montañas lunares por encima de los 4.000 metros, puede evocar el mito del reino perdido de Shambala.

En un entorno así, la altura y la proximidad del cielo condicionan el estado de ánimo y la respiración se hace forzosamente más lenta. Todo va a otro ritmo, también los pensamientos.

La inmensidad de los paisajes te hace sentir ridículo, y comprendes que el ser humano es solo una parte de un todo superior al que llamamos naturaleza. Tu alma es una llama de un fuego universal que podemos llamar Dios.

Esta fue una de las grandes enseñanzas que obtuve de la conexión con la naturaleza que experimenté en Kashmir y en otras regiones que he visitado en los Himalayas. Somos parte de un todo superior y necesitamos establecer una relación recíproca.

Al igual que nosotros somos una partícula en la inmensidad, hay algo de ella en nuestro interior. Cuando podemos conectar con esta inmensidad de la naturaleza, nos sentimos libres del ego y de las ataduras de la mente.

Esto es precisamente, lo que los monjes zen alcanzan a lo largo de sus meditaciones en espacios naturales de pequeña escala. Los jardines zen que pueden contemplarse entorno a Kioto, así como en otros puntos de la geografía japonesa, expresan la armonía de la naturaleza para calmar la mente de quienes los contemplan. En ellos, la naturaleza deviene un cuadro doméstico que los monjes cuidan con esmero.

Japón es para mí un lugar muy especial. La llegada a Tokio desconcierta por su fervor tecnológico, la geometría de sus calles y el orden cartesiano de una metrópolis de millones de habitantes, que nada tiene que ver con el caótico bullicio de lugares como Delhi o Bangkok. El cuidado de sus parques y jardines da una pista de inmediato de la importancia que tiene la naturaleza en el carácter japonés. Esta se expresa en todas partes, desde bosques a ciudades, en artes tradicionales como el ikebana o los bonsáis, hasta en la creación gastronómica, en la que un plato tiene un componente floral y decorativo desconocido para nosotros.

Los japoneses decoran con la naturaleza y la integran en su vida cotidiana de múltiples formas. Los jardines zen constituyen una de sus expresiones más refinadas, procedente de una tradición milenaria.

Los preceptos del zen enseñan a valorar el detalle desde la depuración y eliminación de la ornamentación superflua. Tanto la pintura zen como sus jardines destacan un elemento ornamental sobre un conjunto vacío. Dos rocas sobre un mar de piedras blancas y onduladas que evocan las islas niponas en pequeña escala.

Nosotros, los occidentales, tendemos a llenar nuestros cuadros y composiciones de elementos visuales, sintiendo aversión por el vacío, por el espacio en blanco. Así creamos también nuestros espacios interiores y exteriores, siempre cargados, queriendo expresar la abundancia de bienes y de luz.

El escritor japonés Junichiro Tanizaki tiene un bonito y breve ensayo titulado *El elogio de la sombra* en el que sienta las bases de la estética japonesa.

«Algunos dirán que la falaz belleza creada por la penumbra no es la belleza auténtica. No obstante, como decía anteriormente, nosotros los orientales creamos la belleza haciendo nacer sombras en lugares que en sí mismos son insignificantes.»[5]

---

5. Junichiro Tanizaki. *El elogio de la sombra*. Editorial Siruela, Madrid, 1994 (1.ª ed. 1933), pág. 69.

La sombra es una expresión del sentido dual de la cultura oriental. Tan importante es la luz como la sombra, el espacio y el no espacio. Esto es algo que se tiene en cuenta en las casas tradicionales japonesas y también en los templos zen.

Tanizaki es partidario de hundir en la sombra lo que resulta demasiado visible y despojar su interior o esencia de cualquier adorno superfluo.

En el hogar tradicional japonés desaparece la ornamentación para percibir la armonía del conjunto, asentado sobre la tierra con formas horizontales y materiales orgánicos como la piedra y la madera. Estos ambientes y visiones, tanto interiores como exteriores, que evocan la naturaleza relajan la mente, construyendo atmósferas armoniosas que inciden en el estado de ánimo. No es tan solo una cuestión de contemplación, sino de experiencias que traen la naturaleza a la cotidianeidad.

En la pintura japonesa, dos manchas negras sobre un espacio en blanco bastan para sugerir la imagen de dos pájaros bebiendo en un estanque. Otro elemento característico es la asimetría, que se comprende como una forma zen de romper la artificiosidad humana. Por ello, las composiciones buscan el desequilibrio, especialmente en la que se ha denominado «pintura de ángulo». Un término muy interesante para hacerse una idea global de la estética y pensamiento del zen japonés es la de *Sabi*, que se asocia con una rústica sencillez, en el valor de la imperfección, lo no elaborado, lo espontáneo, aquello que no precisa de un esfuerzo de ejecución. Daisetz T. Suzuki, en su ensayo *El zen y la cultura japonesa*, sin duda la obra referencial sobre este tema, añade otro concepto similar, llamado *wabi*, que, literalmente, significa pobreza o ser pobre.

«En verdad, la adoración de la pobreza es probablemente el culto más apropiado en un país pobre como el nuestro. A pesar de la forma de vida occidental y de los lujos y comodidades modernos que nos invaden, persiste todavía en nosotros un arraigado anhelo por el culto de *wabi*. Incluso en la vida intelectual se evita la excesiva profusión de ideas, la brillantez o solemnidad en la ordenación de los pensamientos y en la elaboración de los sistemas filosóficos; por el contrario, quedar plenamente satisfecho con la contemplación mística de la naturaleza y sentirse a gusto con el mundo es para nosotros, al menos para algunos de nosotros, mucho más inspirador.»[6]

Me resulta muy interesante el concepto de prescindir de opulencias intelectuales y discursos elaborados, para quedarse en la sencillez de la naturaleza. Es algo que penetra en casi toda la cultura japonesa tradicional, pero que no encontramos, por ejemplo, en la moderna Tokio o en el Japón más *cyberpunk* de barrios como Shibuya.

Japón es un conjunto de islas que tiene muy presente el elemento agua, que le rodea y que se manifiesta con constantes lluvias. Para combatir la humedad y vivir en sintonía con el

6. Daisetz Suzuki. *El zen y la cultura japonesa*. Paidós, Barcelona, 1996 (1.ª ed. 1959), pág. 25.

agua, los japoneses parecen haber inventado este ritual de bañarse en aguas calientes (*onsen*) que les regala la tierra. Aguas sulfurosas que brotan por toda su geografía y que los nipones veneran con baños todos los días, al amanecer y al atardecer. No lo hacen rápido, sino parsimoniosamente, rompiendo esa imagen del culto al trabajo y al estrés que rodea a la sociedad japonesa.

A la imagen del tren de Tokio en hora punta con los japoneses perfectamente alineados, esperando su turno para entrar a un vagón que los enjaula, podemos oponer la de unas grandes bañeras naturales, rodeadas de cañas de bambú y flores en las que la gente dedica tiempo a cuidar su cuerpo y templar su espíritu en las aguas.

El que quiera conocer el Japón más tradicional debe alojarse en los llamados *ryokans*, casas tradicionales con baños termales e interiores, con las clásicas puertas correderas de madera y papel de arroz, que modulan los espacios, según la función que establece el transcurso del día. Así, el dormitorio con cama se convierte en comedor para el almuerzo o en sala de estudio por la tarde.

Habitar estas casas libres de trastos, libros y ornamentos te condiciona positivamente. Al menos, así fue mi experiencia, marcada por el hábito de vivir en casas llenas de libros por todas partes. En el vacío, la mente reposa y la visión se vuelve más enfocada y serena.

Esto mismo que experimenté en los *ryokans* me sucedió al visitar y contemplar los numerosos jardines zen que hay alrededor de Kioto. Todo estaba perfectamente dispuesto en aquellas pequeñas maquetas naturales de formas abstractas.

La mirada se quedaba quieta y absorta, meditando hasta que unas gotas de lluvia te despertaban de un sueño con los ojos abiertos, sin que supieras cuánto tiempo habías permanecido contemplando.

Así lo viví en los bellos jardines de templos como Nanzenji, Ryoanji, Daisenji o Shisendo.

La mayoría de estos templos son de piedra blanca que se peina con rastrillos todos los días para mantener sus líneas perfectamente ordenadas. Los detalles ornamentales surgen de potentes rocas negras, casi siempre volcánicas, en un estilo elegante y simple.

En ocasiones, los jardines zen pueden mostrar frondosos tapices en verde, cubiertos por alguna flor o delicadas fuentes, siempre desde ese minimalismo compositivo que trata la naturaleza con máximo respeto y devoción.

Los japoneses parecen haber comprendido mejor que nadie que quien cuida, poda y contempla un jardín moldea su espíritu, eleva su persona y vive en armonía.

Esta es una de las lecciones que suelo repetirme día tras día. Todavía no he conseguido integrarla por completo a mi vida, y sigo viviendo en casas saturadas de objetos, soy malo en el arte de desprenderme, depurar y soltar...

Encuentro cierta paz escapándome a la naturaleza cuando me saturo y sigo esperando el día en que pueda avanzar un poco más en estas enseñanzas que tanto le deben al zen y al Tao.

Acabo con una cita de Alan Watts:

«En las flores y los pastos encontramos mensajes del Tao. La mente pura y clara del erudito, así como su corazón abierto, debe encontrar en cualquier cosa aquello que le nutre. Pero si usted requiere saber de dónde vienen las flores, eso ni siquiera lo sabe el dios de la primavera».[7]

Tampoco puede explicarse lo que es el zen, no es ni una teoría ni un razonamiento, sino una práctica de sentarse o *zazen* en la postura ideal del Buda que conduce a una forma sublime y austera de meditación, que veremos en el capítulo siguiente.

Hay una cita ilustre del maestro Daichi Sokei, con la que se abre el precioso libro *Zen*, editado por Kairós:

«Si alguien pregunta qué es el verdadero zen,
no hace falta
que abráis la boca para explicarle.
Mostrad todos los aspectos
de vuestra postura, entonces el viento
de primavera soplará y hará
que se abra la maravillosa flor del ciruelo.»[8]

---

7. Alan Watts. *¿Qué es el Tao?* Editorial Diana, Ciudad de México, 2003, pág. 80.
8. VV.AA. *Zen.* Editorial Kairós, Barcelona, 1999, pág. 15.

Cita

«Seto de ramas.
Los pájaros se posan.
Alba nevada.»

«Quemando leña
escucho como llueve.
Tarde de otoño.»

Haikus de Ryookan

8. Calmar las olas de la mente

Sutra: No somos nuestra mente

Crecemos creyendo que somos nuestra mente y acabamos creando un personaje y una realidad acorde a sus designios. Estas máscaras o proyecciones no somos nosotros. A la larga, nos crean frustraciones de las que no conocemos el origen, porque ni tan solo somos conscientes.

Si podemos calmar las olas de nuestra mente y mirar a nuestro interior, iniciaremos el camino de saber quiénes somos.

Swami Vivekananda, uno de los principales introductores del yoga a principios del siglo xx, cuando define lo que es la meditación habla de que la mente es como un lago en el que cada piedra que cae genera olas. Estas olas no nos dejan ver quiénes somos. Las piedras son los pensamientos. La luna llena se refleja en la superficie del lago, pero al estar tan agitada por la cadena del pensamiento, no nos deja ver su reflejo claramente. Por lo tanto, debemos calmarla, cambiar su frecuencia y no dejar que la naturaleza de nuestra mente eleve las olas continuamente.

Se trata de crear una relación con la mente, de aquietarla, no de aniquilarla, para así poder observar y tomar conciencia de qué papel estamos desempeñando y quién queremos ser.

La meditación es la ciencia oriental que permite bajar las altas frecuencias de nuestra mente para poder observar sin juicio y, de esta forma, acercarnos a una realidad más pura y nítida. La mente remueve nuestros pensamientos como aguas turbulentas que no nos dejan ver lo que realmente anida en el fondo de nuestro ser. Si calmamos las aguas, veremos lo que somos y lo que nos mueve.

La escisión mente-alma tan característica del hombre moderno provoca grandes sufrimientos. En gran parte, se debe a la absurda creencia de pensar que ser espiritual conlleva la práctica religiosa.

Asia, a partir del budismo y el yoga, ha podido ofrecer prácticas y sistemas filosóficos que no implican la disciplina religiosa. Se puede ser espiritual dentro o fuera de una religión, siguiendo doctrinas oficiales o alternativas, pero lo que resulta nocivo es negar nuestra parte espiritual y entregarnos al dominio de la mente.

El racionalismo cartesiano está bien para unas cosas, no para todo. Debemos poder parar la mente y observar desde otro lugar. Para ello, basta con dedicar unos momentos al día para desconectarse de la mente, meditando en silencio, cantando mantras o de cualquier otra forma. El mejor momento suele ser al amanecer y antes de acostarse. Si puede ser, mejor en ayunas, con el estómago vacío y el cuerpo ligero.

Meditar es estar presente, atento, dejando fluir los pensamientos, sin agarrarse a ellos, viéndolos pasar como nubes en el cielo o las hojas sobre el arroyo.

Como plantea el sabio Thich Nhat Hanh, se puede meditar fregando platos, regando las plantas o restaurando un mueble, porque esta práctica tan solo precisa estar en una actitud de conciencia plena, en un estado en el que cesa el bombardeo de pensamientos. La base es concentrar la atención en una sola actividad, aplicando en ella todos los sentidos, así desaparece el vaivén de los pensamientos.

Otros, como los practicantes del budismo zen, meditan en silencio, con la mirada fija en un punto en la pared, de un modo absolutamente austero que precisa de un buen entrenamiento.

A la mayoría de las personas les es más fácil meditar con los ojos cerrados. La cuestión es que no hay solo un método para meditar. Todos son buenos si se consigue el propósito de relacionarse con la mente para apaciguarla. Se trata de ponerla a dormir unos instantes y poder escuchar lo que hay más allá de ella.

En esos momentos, pueden llegar revelaciones, intuiciones e informaciones que son muy valiosas para tomar decisiones, comprender en qué momento de la vida estamos o qué es lo que queremos hacer. Krishnamurti considera que una mente abierta y silenciosa puede observar un problema de modo muy directo y simple.

En este estado de tranquilidad meditativa, la mente está realmente en silencio y contacta con el amor. Según este maestro de la meditación hindú, el amor es lo único que puede resolver todos nuestros problemas.

Asimismo, cuando la mente está serena y en paz, se manifiesta lo desconocido. Como plantea Krishnamurti, no tenemos que buscarlo, ni podemos atraerlo, eso solo podemos hacerlo con las cosas conocidas. Sin embargo, es fundamental contactar con lo desconocido, adentrarnos en una senda que puede dar miedo, en las profundidades de nuestra mente, pero que ofrece muchas revelaciones o dosis de autoconocimiento. Parece claro que los ascetas que permanecen en cuevas, durante meses o incluso años, no solo meditan en torno a lo conocido y más racional, sino que penetran en territorios más oscuros y profundos. Conectar con lo desconocido es una de las bases del camino espiritual.

En nuestras vidas cotidianas es difícil irse a una cueva a meditar, pero no hay que desterrar la posibilidad de que con una práctica regular y diaria puedan aparecer momentos de contacto con lo desconocido.

Por otra parte, hay que tener en cuenta que no meditamos con una finalidad concreta. Si meditando se halla la solución a un problema, fantástico, pero si esta no llega, no pasa nada. Meditar es calmar la mente para poder estar más centrados, atentos y dispuestos a lo que pueda venir.

«La meditación es darse cuenta del condicionamiento propio, de cómo uno está condicionado por la sociedad en la que vive y ha crecido, por la propaganda religiosa, darse cuenta sin elección, sin distorsión, sin desear que sea diferente. De este darse cuenta surge la atención, la capacidad de estar completamente atento.»[1]

Soy de los que me he sentido inútil meditando, de los que creí que con esta práctica iba a tener grandes revelaciones o que sería más sabio.

Poco a poco, he ido descubriendo que no hay un fin en la meditación, practicarla es como una gimnasia para la mente, un tiempo para estar contigo mismo.

La mente nos esclaviza y neurotiza. Vivimos asombrados por su poder, pendientes de ella y maravillados de sus capacidades, pero si no sabes domesticar a tu mente, se puede convertir en tu peor enemigo. En ocasiones, crea dependencias, problemas donde no los hay y proyecta miedos e inseguridades que combate con ira o arrogancia. Meditando podemos llegar a ser conscientes de estos mecanismos de la mente, lo cual ya es mucho beneficio.

Como dice Daigu Ryokan, nos pasamos la vida corriendo detrás de las cosas, y como ya he planteado en un capítulo anterior, es bueno desacelerar y salir del entorno urbano o cotidiano para contactar con la naturaleza, donde es más fácil entrar en el estado meditativo. Al menos, así lo sentí en la inmensidad de la meseta tibetana.

---

1. Jiddu Krishnamurti. *Meditaciones*. Edaf, Madrid, 2004, pág. 92.

«Mi cabaña está en lo más profundo del bosque, cada año las malas hierbas crecen más recias. Sin noticias de los asuntos del mundo. A veces el canto lejano de un leñador. El sol brilla y remiendo mi ropa. Cuando sale la luna, leo poemas zen. No tengo nada que deciros, amigos míos, pero si queréis comprender, dejar de correr tras tantas cosas.»[2]

En la lejanía de los lugares remotos es más fácil parar la mente y practicar la contemplación. El zen, tal como expresa Ryokan en sus poemas o Alan Watts en su estudio *El camino del Zen,* tiene que ver con no tener nada que decir. Se parte del principio de que la verdad no puede transmitirse con palabras. Como ya decía Lao Tsé: «Aquel que sabe no habla; aquel que habla no sabe».

El zen proviene del término sánscrito *dhyana*, que significa meditación, pero se origina en China cuando la forma de meditación budista se fusiona con el taoísmo, adoptando el nombre de *Ch'an*, y se le añaden importantes dosis del pragmatismo confucionista, en un perfecto ejemplo de sincretismo religioso.

El zen es directo y cree en el despertar como algo muy natural. Contempla que la iluminación puede ocurrir en cualquier momento, no tras muchas vidas y reencarnaciones. En el zen, tal como explica perfectamente Watts, no hay simbolismos ni rodeos, sino un camino recto que apunta directamente a una

2. VV.AA. *Zen*. Editorial Kairós, Barcelona, 1998, pág. 128.

verdad en el presente, aquí y ahora, que apenas puede ser expresada con palabras, de ahí el desarrollo de la poesía zen en forma de cortos y evocadores *haikus*.

> «Estanque nuevo,
> salta dentro una rana
> y no hace ruido.»[3]

El *haiku* responde a tres principios: describir un estado de ánimo, ser escrito en tiempo presente y evocar imágenes de la naturaleza y sus cuatro estaciones. Es el arte de decir algo sin decirlo. Lo no dicho, lo sugerido, comunica mucho más de lo que transmiten explícitamente las palabras. De ahí, su conexión con el principio zen de que la verdad no puede ser transmitida con palabras. Ryookan es probablemente su poeta más destacado.

Es el zen el que aplica de forma más contundente la premisa de este capítulo: no somos nuestra mente. De hecho, como plantea Watts, en la primigenia disciplina de la meditación sentada china (*tso-ch'an),* la mente era purificada mediante la intensa concentración que provoca el cese de todo pensamiento, deseos y apego. Así es como se entendía la meditación en el budismo chino. Sin embargo, el zen va más allá de esta idea de purificar la mente y considera literalmente que la verdadera mente es la no mente (*wu-hsin*). La mente no es algo

---

3. Ryookan. *Los 99 jaikus*. Hiperión, Madrid, 2006, pág. 31.

que poder alcanzar y controlar. Trabajar en este sentido nos mete en un círculo vicioso. Para el zen, más que tratar de purificar o vaciar la mente, lo que debemos hacer es soltar, dejar fluir la mente. Literalmente, dejar ir los pensamientos e impresiones que vengan, sin reprimirlos, sostenerlos o interfiriendo en ellos.

Me remito al zen porque desde lo teórico es donde más aprendí sobre la meditación, aunque hasta que visité el Tíbet y escuché a los monjes budistas cantar el mantra sagrado *Om mane padmi hum* durante horas no comprendí de forma vivencial toda su potencialidad.

Recuerdo estar en el monasterio de Nechung, pendiente de rodar imágenes de la ceremonia de la mañana, y, sin embargo, quedar absorto, desconectado de la mente y fuera de lugar por el poderoso sonido envolvente del mantra repetitivo.

A mí que, en ese momento, ya había empezado a practicar yoga y el canto de mantras, me resulta más fácil desconectar de la mente, anclándome en un mantra repetitivo, en una sonoridad que me lleva. En cambio, al practicante zen, le funciona todo lo contrario: el silencio y fijar la mirada en un punto contra la pared.

Por eso invito a cada uno a encontrar su mejor modo de meditar.

Con el yoga, practicas una serie de posturas que te preparan para salir de la mente, con una meditación final con canto de mantras, que suele incorporar algún movimiento sincronizado. La repetición de un mantra hasta la saciedad no deja que entren demasiados pensamientos, mientras que el esfuerzo físico, cuando vas más allá del punto en el que la mente te dice para, la atonta y la deja en fuera de juego.

El zen resulta mucho más austero y silencioso, consiste en largas sesiones de *zazen* o postura sentada en meditación silenciosa contra la pared, de la que puedes ser despertado con un golpe de vara cuando el maestro cree que lo necesitas. La sesión incluye un momento de meditación andando para acabar de nuevo en *zazen* silencioso.

Ambas formas se practican en grupo, pero, obviamente, uno puede hacerlo de forma individual en casa o en la naturaleza, aunque hay que tener en cuenta que el espacio elegido es muy importante, porque debe ser un lugar poco transitado, reposado, sereno y propicio para la meditación, al que aportamos cierta sacralidad, quemando incienso o poniendo flores o imágenes que nos gusten.

Hay que evitar que en este espacio se produzcan peleas, ira o malos pensamientos, porque la carga permanece en forma de malas vibraciones que pueden afectar a la práctica meditativa.

La meditación individual carece en cualquier caso de la potencia de la energía que despierta un grupo en plena meditación, como pueden ser más de cincuenta monjes entre velas de cera de yak y *tankas* colgando de los techos, en completa penumbra. En una atmósfera así, comprendí el sentido y la importancia de la meditación, la forma embrionaria y germinal de muchas de las filosofías orientales.

Para mí, el Tíbet supone un paisaje emocional y sentido, que todavía recuerdo envuelto por el canto de mantras de los monjes.

Aquella sonoridad, en mitad de la inmensidad de su llanura, es algo mágico que pulsa las cuerdas del alma de cualquiera que lo visite.

País/territorio: Tíbet

El Tíbet fue uno de los territorios más inaccesibles del planeta y por este motivo pudo conservar las esencias del budismo más primitivo, de la escuela tántrica, que se integran en la forma de budismo Mahayana (el gran vehículo) que se practica en este pequeño país del Himalaya, ocupado por China desde hace ya más de medio siglo.

Fueron muchos los exploradores del siglo XIX y de periodos anteriores que quisieron llegar hasta sus condominios, ubicados en un gran altiplano, a unos 3.500 metros de altura, rodeado de imponentes montañas, en el que parece que puedas tocar las nubes.

El inglés Francis Younghusband fue uno de los primeros en conseguirlo y después lo hizo de forma heroica el alemán Heïnrich Harrer, escapando del campo de prisioneros en el que estaba recluido, cruzando las montañas a pie, para acabar convertido en maestro del actual Dalai Lama.

Hoy, China ha realizado una obra de ingeniería faraónica, construyendo un tren de alta velocidad que une Pekín y Lhasa en apenas dos días y medio, cubriendo una distancia de más de 3.000 kilómetros. Para alcanzar su destino, el tren debe elevarse por encima de los 4.000 metros, cruzando la cordillera de los montes Kun Lun que lo sitúan en el alto llano del Tíbet. En estas condiciones, el tren precisa lanzar oxígeno complementario a los pasajeros, que también disponen de mascarillas.

Otra opción para llegar al Tíbet es volar desde Chengdu, Pekín u otras ciudades importantes, pero la aclimatación es mucho peor.

El mal de altura es algo a tener muy en cuenta, dado que puede afectar de forma grave a los viajeros que no tienen tiempo de adaptarse gradualmente a la altura y a la falta de oxígeno. Deben tener especial precaución aquellos que tengan la presión alta. Lo mejor es hacerse un chequeo antes de viajar al Tíbet y realizar una buena aclimatación. En cualquier caso, durante los primeros días, hay que ir muy despacio, consumiendo pocas reservas de oxígeno, dejando que el cuerpo se acostumbre.

Si uno quiere ascender al palacio del Potala, el primer día puede quedarse a medio camino, completamente asfixiado y con una migraña que te condena a la oscuridad de la habitación del hotel.

Además de la falta de oxígeno, hay que tener en cuenta la potencia de un sol cegador, fuerte e intenso. Se recomienda ir cubierto de ropas blancas hasta la cabeza y llevar protección solar de alta graduación.

El Tíbet se reparte en dos ciudades, su capital Lhasa y Shigatse, al oeste, el resto son un conglomerado de pequeñas aldeas y una población nómada que vaga con las manadas de yaks.

La capital tiene una bonita parte vieja rodeada por la ciudad nueva, edificada por los chinos en un estilo impersonal y racionalista. Shigatse tiene un conjunto más armonioso, de aldea envejecida, presidida por el magnífico monasterio de Tashilhunpo, que alberga el Buda del futuro (Maitreya Buda), el más grande de toda China. Sus calles son un laberinto de paredes encaladas en blanco, con las dependencias de los monjes y las salas de rezo repartidas por una vasta extensión que, en la parte alta, alberga antiguas reliquias y la anterior residencia del Panchen Lama.

Las comunicaciones, gracias al esfuerzo de China, han mejorado mucho y suponen una triste contrapartida a la opresión vivida por el pueblo tibetano. Las carreteras principales están bien asfaltadas y hay puentes que cubren las posibles crecidas de los ríos.

El paisaje es llano y lunar, sin apenas árboles. Este no es un lugar alpino, sino un territorio con una altura media por encima de los 3.000 metros. Aquí todo es roca y tierra, que, en algunos puntos, llama la atención por sus tonos rojizos o incluso violetas.

La sombra de las nubes se proyecta continuamente sobre la tierra y los cielos y se dibujan en las aguas de los ríos, mientras las grandes montañas sobre el horizonte magnetizan cualquier mirada con sus cumbres de nieves eternas.

Sin duda, la inmensidad y el vacío preparan para la meditación. Los sentidos se activan, la falta de oxígeno hace que no llegue mucha sangre a la cabeza y la intensidad del sol nos aturde.

En el Tíbet, todo queda ampliado por los sentidos que se empapan de unos colores radiantes y del mantra *Om mani padme hum*, que se incrusta en tu memoria casi sin quererlo.

La espiritualidad está en los templos, las calles y la vida cotidiana. Allí todo parece sagrado y la mente se siente parte de un orden superior.

Vivencias

Cuando pienso en el Tíbet, no puedo olvidar la entrada a un territorio en el que parecen habitar los dioses. El tren había salido de la estación de Xining, después de un largo día de marcha por un paisaje anodino, industrial y de alta contaminación, especialmente después de Lanzhou.

Lentamente, empezó a escalar, remontando tramos sobre ríos y paredes de roca cada vez más próximas. Me pareció ver sudar a la tierra que ardía y brillaba por los poros dibujados sobre ella. Aparecieron las grandes montañas, majestuosas y envueltas en un halo místico. Algunos de los pasajeros tibetanos se pusieron a orarles, juntando las palmas de las manos. En sus labios vibraban silenciosos mantras.

Cráteres en la tierra, transitados por manadas de yaks que corrían libres bajo las nubes. Sin darme cuenta, oscureció y entonces el espectáculo de las estrellas fue una sinfonía de pequeñas llamas de fuego sobre la noche. Nunca antes había visto una cosa así. Mi rostro se pegó a la ventana del tren y no pude dormir en toda la noche, fascinado por aquel paisaje remoto, inmensamente vacío.

El cielo estrellado estaba muy próximo, parecía que pudiera alcanzarlo con las manos y creí comprender la eternidad. Parecía haber llegado al lugar donde moran las almas, el reino de los muertos, el origen de todo.

Fueron sensaciones y estados de ánimo muy profundos que acontecían sin que mi mente pudiera decir nada al respecto. Era así y nada más. Estaba emocionado y conectado con algo muy especial. El estado de duermevela supongo que también ayudó.

Llevaba conmigo el libro *Magos y místicos del Tíbet,* de Alexandra David-Néel, una viajera increíble que cruzó en solitario montañas y parajes desolados para plantarse en este reino de los cielos cuando apenas ningún occidental lo había hecho. La descripción que hace de su primera visión del Tíbet es la que todos tenemos cuando llegamos por tierra:

«El sendero penetraba en la región de los paisajes fantásticos, precursores de las altas gargantas. En el profundo silencio de aquel desierto se escucha el murmullo cristalino del agua pura y fría de los arroyos. A veces, en la orilla de un lago, algún pájaro

de áureo copete contemplaba muy serio el paso de nuestra cara-
vana. Subíamos continuamente bordeando heleros gigantescos,
entreviendo aquí y allá valles misteriosos ocultos entre las nubes,
y de repente, al salir de la niebla, sin transición, surgió la meseta
tibetana, inmensa, desnuda, radiante, bajo el sol centelleante del
Asia central... He visto Lhasa, Jigatzé, país de los caballeros sal-
teadores y de los magos; los bosques inexplorados del Po y los
valles formidables de Tsarong, donde florece el granado; pero
nada ha conseguido aminorar el recuerdo de aquella primera visión del Tíbet».[4]

La visión de la alta meseta tibetana es la entrada a la eternidad, a un vasto infinito donde las nubes posan sus sombras
sobre una tierra carnal, desnuda y primitiva.

Antes de descender a Lhasa, recuerdo la emoción que me
generó el ver manadas de yaks salvajes corriendo por la llanura.
Era una visión mágica, de película del Oeste en cinemascope;
yo tampoco había visto nada parecido antes.

Alexandra David-Néel pisó el Tíbet por primera vez en 1924,
yo lo hacía una mañana de junio de 2010. Habían transcurrido casi cien años, pero la impresión era la misma, pese a los
cambios producidos por la invasión china. Aquella tierra es-
tremece, te remite al origen de los tiempos y posee un halo
mágico que David-Néel describe muy bien en su libro, una

---

4. Alexandra David-Néel. *Magos y místicos del Tíbet*. Ed. Índigo, Barcelona,
2006, pág. 51

obra que contiene también pasajes casi terroríficos, como cuando habla de los demonios del monasterio de Samye, donde se erigió el primer centro búdico y donde los demonios acudían cada noche a destruir lo que los albañiles construían. David-Néel cuenta que el lugar fue construido por un mago y que allí huele a brujería en todos sus rincones, con animales que, al regresar al establo, parecen criaturas diabólicas disfrazadas.

La vieja religión Bon o los bempos creen en prácticas mágicas y en rituales extraños como el *ro-lang*, que practican los hechiceros *ngaspas*, en el que un cadáver se levanta después de que el oficiante se encierra en un cuarto oscuro con el muerto, para ponerse sobre su boca repitiendo continuamente una fórmula mágica.

Brujos, nigromantes, magos y ocultistas dominaron el Tíbet antes de la llegada del budismo sobre el siglo VIII, y nada de todos ellos ha desaparecido, sino que se ha filtrado con la nueva religión, manteniéndose en el espíritu de sus gentes y en el lugar.

Así que es bueno estar advertido sobre ello cuando se viaja al Tíbet. El viajero no debe esperar simplemente un idílico paraíso budista ocupado por los chinos, aquí hay luces y sombras misteriosas, algo que a mí me resultaba fascinante.

Cuando descendí del tren en la moderna estación de Lhasa, después de pasar la última noche y amanecer pegado a la ventana contemplando el paisaje, sentí que algo había cambiado en mí. No era mejor ni peor, simplemente había experimentado una conexión con aquel paisaje, que me había emocionado y parecía haberme hablado de los seres queridos a los que había perdido en años recientes.

Ver aquel paisaje en el que el cielo y la tierra se tocan curó mis heridas. Me hizo creer que estaba allí por algo, que iba a sanar las pérdidas.

Sentí aquellos mantras y las infinitas postraciones de los tibetanos bajo la fachada del Jokhang, como rezos por todas las almas del mundo.

Era tanta la intensidad y devoción del lugar que era imposible no dejarse arrastrar por las riadas de gente que circundaban el recinto más sagrado del Tíbet.

Peregrinos entorno al Jokhang, Lhasa, el Tíbet.

Los occidentales tenemos mitificada la imagen del Potala con su gran fachada blanca escarpada sobre la montaña porque pensamos en el Dalai Lama y todas aquellas películas que hemos visto (*Siete años en el Tíbet, Kundun*). Pero una vez que llegas a Lhasa, descubres que el Jokhang es el lugar más sagrado para los tibetanos. Este complejo monástico alberga reliquias de gran valor como los budas traídos por las novias nepalís y chinas del rey Songtsen Gampo. Esta es la discreta catedral del budismo tibetano, al que todos vienen a rendir tributo. El ritual consiste en circundar su recinto durante horas y postrarse en su fachada cantando el mantra *Om mani padme hum* antes de pasar a su interior.

La gran puerta está cubierta por inmensas cortinas blancas bordadas con inscripciones que sirven para salvaguardar la oscuridad del interior del sol y proteger de los malos espíritus. Tras cruzar un porche en el que los monjes practican la meditación, se llega a un interior iluminado por los cuencos encendidos en cera de yak. A la sala más sagrada, que data de 652 d.C. y que contiene la imagen del buda Sakyamuni, solo pueden acceder los locales.

Desde su terraza, junto a la gran campana dorada, se alcanza a ver toda la ciudad, con la plaza Barkhor a los pies y el palacio del Potala sobre la colina en la parte norte. Sorprende comprobar la vigilancia militarizada de los chinos sobre los tejados de distintos edificios que contrasta con los pensamientos en el Dalai Lama en plena calle. Mantengo en la memoria la imagen del humo de las casas ascendiendo hacia el cielo, el rumor de los mantras en la calle y la sensación de que allí todo sucedía a otro ritmo, más pausado, como a cámara lenta.

Acudes al Tíbet con la expectativa del conflicto político, con actitud pacifista, pensando en la injusticia de su ocupación, con todo lo que te han contado del exilio del Dalai Lama, pero cuando llegas allí todo eso queda en segundo término. La sacralidad del lugar y la devoción de su gente, sumada a la potencia del paisaje agreste, te conmueven.

Estando en el Tíbet apenas pude meditar, porque todavía no era una práctica que hubiera incorporado a mi vida cotidiana, y mientras rodábamos un documental (*Railway to Heaven*) sobre los contrastes entre la sociedad china y la tibetana, no parábamos de ir de un sitio a otro.

Sin embargo, las imágenes que me llevé y los mantras que escuché regresan a mí con mucha intensidad en muchos momentos cuando cierro los ojos y busco escuchar mi alma.

Tuve momentos en los que perdí los nervios, como aquel día en el que, visitando el monasterio de Nechung, empecé a dar órdenes a mi cámara para que grabara las plegarias de la mañana que los monjes realizaban en la sala principal. Mi mente se desbordó con la excitación de poder obtener las imágenes que más buscábamos. Me puse tenso con el cámara mientras se preparaba para tomar los planos. Fue como si los demonios del lugar se hubieran adueñado de mí. Nechung es el lugar en el que habita el médium del oráculo tibetano, que se practica por posesión de un espíritu. Viendo todos aquellos murales con coloristas monstruos y demonios devoradores, el miedo me invadió.

Pintura mural. Monasterio de Nechung, el Tíbet.

Salió toda mi agresividad y malos modos, pero cuando llevábamos diez minutos grabando, la atmósfera de los mantras y el talante de los monjes me dejaron desarmado. Me sentí ridículo y patético.

En otra ocasión, entramos temerosos a una pequeña estupa, en mitad de la calle, pidiendo permiso para grabar a la gente que circunvalaba una enorme rueda que hacían girar entre golpes de tambor y mantras.

Oscuridad, miradas profundas, sonrisas, expresiones de curiosidad y una densa atmósfera cargada de una sonoridad que te transportaba a un viaje a los inicios, como si regresaras al útero del que habías venido. Sensaciones y experiencias que no se explican con palabras, pero que el alma percibe.

Así fue mi viaje al Tíbet, del que podría hacer una lista de sucesos, quehaceres y acontecimientos en formato cronológico, pero del que permanece un poso interno, un tránsito interior en el que cambiaron muchas cosas.

El documental llegó a buen puerto y, pese a las dificultades de rodaje, pudo ser estrenado en la Casa Asia de Barcelona, pero las tres personas que participamos en él sabemos que de allí nos llevamos mucho más que aquellas horas de filmación.

En mi caso, lo que mejor supo explicar aquel tránsito interno que viví en el Tíbet fue un largo diario poético que escribí en el tren en aquella noche de mi llegada bajo las estrellas.

Desde entonces siento el Tíbet como un lugar de eterno retorno, al que siempre regreso en alguna de mis meditaciones o cuando mi alma se siente impactada. Probablemente, en aquel pequeño país descubrí la existencia y trascendencia del alma. Allí comprendí que debemos dejar de vivir desde la mente para dar espacio al cuerpo sutil en el que habita el alma.

Milarepa, el héroe e icono espiritual del Tíbet, cuya vida se recoge en una biografía que probablemente es la obra más destacada de la literatura de este país, nos enseña el camino del autoconocimiento a partir de la meditación, al igual que puede hacerlo otro texto clásico tántrico como *El libro tibetano de la gran liberación* que editó hace años Evans Wenz con comentarios de Carl Jung.

En el primer caso, con Milarepa aprendemos la dureza del camino de la iluminación, asombrados por la dureza de un maestro que impone al pobre Milarepa el castigo de construir una y otra vez un muro que le manda derribar. Es la gran prueba que debe pasar para limpiar su karma, después de haber practicado magia negra en su beneficio, y para aniquilar su ego. Solo después de tanto suplicio y penurias, obtiene la iniciación por parte de su maestro, que le permitirá retirarse a una cueva y encontrar el conocimiento antes de regresar a su tierra.

Allí, en la cueva, su meditación marca las pautas de lo que es la meditación *vipassana*, que hoy conocemos también bajo el nombre de mindfulness. El principio básico es poner la mente y el ego a dormir, dejando pasar todo pensamiento que aparezca, sin aferrarte a nada, sin juicio y evitando entrar en la autoconciencia, en el «estoy haciendo esto o aquello». Cuando se practica esta forma de meditación, se destierra el concepto de «Yo soy».

Milarepa llega a grados de meditación inalcanzables para nosotros, en los que llena un recipiente de ofrendas con mantequilla derretida y, una vez encendida, lo acomoda sobre su cabeza para permanecer así, sin moverse, durante días enteros. Cuando el lama y sus esposas fueron a verle a la cueva, habían pasado once meses...

De cuanto sufrió y aprendió, Milarepa destaca que al fin pudo comprender que hallar el yo no es posible, y que el yo individual no existe. Cuando se alcanza la calma mental aparece la visión profunda.

Esta visión es la que según *El libro tibetano de la gran liberación*, escrito por el gurú Padma-Sambhava, nos lleva a la autoliberación. Debemos desnudar la mente y practicar la doctrina de ver la mente desnuda, para encontrar, en las profundidades vastas y remotas, el sendero que nos lleva a nuestra propia sabiduría. Esto es lo que podemos alcanzar mediante la meditación a altos niveles.

Según el gurú Padma-Sambhava, tal como apunta en el epílogo, su escrito con las claves acerca del conocimiento de la mente, la visión de la realidad y la autoliberación fue hecho para la liberación de las futuras generaciones, que nacieran durante la Edad de las Tinieblas.

Supongo que somos nosotros, que ya hemos llegado a ese punto. Doy por supuesto que en nada nos acercamos a Milarepa, ni siquiera a cualquiera de los contemporáneos lamas tibetanos, pero ellos nos han dejado una práctica, que puede aportarnos muchos beneficios, sin que para ello necesitemos encerrarnos en una cueva.

En mi caso, sé que todavía no he aprendido del todo a meditar, pero al menos ya estoy en el camino.

El primer paso para meditar es reconocer los propios pensamientos observando los mecanismos de la mente. El segundo consiste en dejarse llevar, sentir y mirar hacia dentro. Viendo la verdadera naturaleza de tu mente, observas tus emociones, tus sentimientos y estados, sin apego, de una forma desapasionada y distante. Desde el desapego, podrás entonces observar las cosas desde otro lugar, tal como son.

El Tíbet es para mí el recuerdo imborrable de la mirada interna de un pueblo que parece conocer las entrañas de la Tierra y el origen del que todos venimos.

Esta es la grandeza de una cultura milenaria, que nunca podrá ser enterrada.

Citas

«Tu mirada se aclarará solo cuando puedas ver
dentro de tu corazón. Aquel que mira hacia afuera, sueña;
aquel que mira hacia adentro, despierta.»

CARL JUNG

«Cuando con asaz de razonamiento mi mente alcanzó
ese estado, cesado que hubo el flujo de los pensamientos,
en sosiego permanecí despejado de ideas. Pasan entonces
los años, los meses y los días, sin que te des cuenta de ello,
y han de ser los demás quienes hagan el cómputo del tiempo:
has alcanzado el estado de la Calma Mental.»

MILAREPA

9. Banzai

Sutra: Vive con entrega y disciplina

El término *banzai* procede del japonés y, según las fuentes, puede referirse a un «viva», en gesto de alegría, y también es una exclamación que significa «diez mil años». En cualquier caso, lo asociamos al recuerdo de la carga *banzai* o ataque suicida que practicaron las tropas japonesas durante la Segunda Guerra Mundial, y que se hizo famosa en episodios como la batalla de Guadalcanal y la de Iwo Jima.

En el contexto de la disciplina militar japonesa, forjada en la tradición samurái, que perduró durante siglos, el suicidio era más honroso que caer prisionero del enemigo.

El código de honor, que establecen tanto el *Bushido* como el *Hagakure*, contempla el *seppuku* o suicido ritual como forma de ganarse el cielo antes de caer en la deshonra. En el contexto de la Segunda Guerra Mundial, morir en un ataque suicida colectivo al servicio del emperador permitía ganarse el cielo.

Banzai era el grito de los soldados que se lanzaban a la muerte segura, con valentía y arrojo, en un acto de disciplina y lealtad, al igual que hacían los aviadores kamikazes en las batallas navales del Pacífico oriental.

El *sutra* que propongo aquí no tiene que ver con el suicidio, sino con la disciplina demostrada por quienes lo practicaron en el contexto de la guerra. Pese a que el concepto procede de la tradición japonesa, en mi experiencia como viajero pude conocer la disciplina en China, donde el confucianismo, con sus formas de educación humanista, ha tenido mucha influencia en la gente y ha aportado grandes dosis de sentido común y servicio a una causa.

Mientras rodaba un documental en el Tíbet con exigencias de rodaje, tensiones por el control al que estábamos sometidos y bajo la presión del mal de altura, mi cámara y productor chino Ma Hui me mostró la tenacidad y el tesón orientales, haciendo gala de una disciplina a prueba de samurái.

Los samuráis son una casta militar que vivió durante siglos, hasta que la reforma Meiji de 1868 acabó con ellos. Vivieron su esplendor en el periodo Edo de guerras entre shogunes o señores feudales a los que servían. En el *Hagakure* o vía del samurái se plantea que su primera razón de ser consiste en dedicarse en cuerpo y alma a su señor y, en segunda instancia, armarse interiormente de inteligencia, humanidad y valor.

La disciplina samurái queda codificada en este texto y en el *Bushido*, antiguas enseñanzas que fueron recopiladas durante el siglo XVIII. La mayoría de nosotros pudimos conocerlas gracias a películas de Akira Kurosawa como *Los siete samuráis* y *Yojimbo*, aunque existen infinidad de otros buenos films sobre samuráis, como *Harakiri* de Kobayashi y la trilogía *Samurái* de Hiroshi Inagaki, basada en la vida de Miyamoto Musashi, uno de los guerreros más emblemáticos, que escribió *El libro de los cinco anillos*, una obra clásica de las artes marciales, que incluye lecciones con la espada o katana y que es un compendio se sabiduría. Otro texto a tener en cuenta es *El arte de la guerra* de Sun Tsé.

En todos ellos, la idea general que se desprende no es tanto la de cómo atacar o vencer al enemigo, sino cómo vivir una vida recta, entregada y sin miedo a la muerte, manteniendo un código de honor y lealtad cimentado sobre un sentido de la disciplina férrea, heredera de preceptos del budismo zen que se filtra en la vía del samurái.

Kaiten Nukariya, en *La religión del samurái*, dice:

«No son los obstáculos externos, sino nuestros miedos internos o dudas los que nos bloquean en el camino hacia el éxito; no es la derrota material, sino la timidez y la duda las que nos atenazan y arruinan para siempre».[1]

Algunos consideran la figura del samurái como un arquetipo desfasado, belicista y cercano a posturas casi fascistas, mientras el mundo de la empresa, y no solo la japonesa, recoge cada vez más sus preceptos para aplicarlos a estrategias de

---

1. Kaiten Nukariya. *The Religion of the Samurai*. Luzac & Co, Londres, 1973, pág. 173.

liderazgo, en una prueba más de lo que la cultura asiática tradicional puede aportar al moderno mundo civilizado.

Ya Kurosawa en sus tiempos quiso recuperar la figura del samurái como un personaje necesario en los tiempos de barbarie que siguieron a las explosiones de las bombas atómicas de Hiroshima y Nagasaki. Más tarde, su premisa, aparecía reinterpretada por George Lucas, con la influencia de Joseph Campbell, que intervino en el guion de la saga de *La guerra de las galaxias,* con la figura de los caballeros *jedi,* entendidos como modernos samuráis. Jamás he podido olvidar la primera conversación de Obi-wan Kenobi con Luke Skywalker, cuando le muestra la espada láser de su padre, que evoca las antiguas katanas, y le dice: «Armas más nobles para tiempos más nobles».

Siempre he admirado a los samuráis, porque tienen en mí un efecto fascinador, más allá de lo racional. Supongo que hay mucha mitificación, pero también la certeza de que su figura posee grandes dosis de nobleza, entrega y valentía, gracias a una perfecta fusión entre el dominio del cuerpo, la mente y el espíritu. Algo que no es posible alcanzar sin una disciplina que parece inalcanzable en estos tiempos modernos de opulencia y comodidades a la carta.

La disciplina se puede asociar al trabajo, pero a mí me gustaría extrapolarla y llevarla a cualquier situación vinculada a nuestras vidas. Esta condición, al igual que la constancia, es también necesaria en la práctica espiritual y para obtener aquello que queremos. Sin disciplina, sin entrega, sin tesón, no somos nada.

Muchos de los que se adentran en las filosofías orientales y en disciplinas como el yoga, el aikido, el taichí y la meditación zen piensan que es un divertimento, una moda, pero pronto se dan cuenta de que son prácticas que exigen una entrega constante.

La disciplina implica sacrificio, rectitud, no salirse del camino, actos de desapego, pasar periodos de crisis, transitar el dolor, y si hablamos de espiritualidad, ir más allá de los deseos primarios, para llegar a estados más elevados de conciencia. Cuando se está al servicio de una causa o en busca de una realización profesional, la rectitud y el tesón nos permiten mantener la integridad.

Oriente y sus enseñanzas no son tan solo una vía del saber fluir, comunicar con la naturaleza y conectar con tu ser espiritual, en un formato blando y *new age,* sino un camino recto y con sacrificios, en el que la disciplina y la entrega son fundamentales.

Muchas de las lecciones propuestas aquí se disuelven sin la disciplina necesaria para sostenerlas. ¿Cuántos de nosotros nos apuntamos a gimnasios, cursos, terapias, sesiones de meditación y abandonamos al cabo de no mucho tiempo? ¿Cuántas ideas penetran en nuestra mente ya sea leyendo libros, artículos en internet o medios audiovisuales y caen en saco roto a los pocos días?

La disciplina es un don que no hay que olvidar, pese a que tenga mala fama entre todos aquellos que piensan que pueblos disciplinados como los alemanes o los japoneses son gente belicista y obsesionada con el trabajo. Para mí, es un don que hoy en día está llevando a China a dominar el mundo de forma silenciosa.

Son innumerables las muestras de disciplina que uno puede observar en los chinos. En mi memoria está Ma Hui rodando el documental *Railway to Heaven* o mi amigo Hao, que regenta un bar en el barrio barcelonés de Les Corts, que abre de sol a sol, o aquellos chinos a los que vi reconstruir los templos tibetanos, que destruyó la revolución maoísta.

Asimismo, en mi formación como profesor de yoga, siguiendo los preceptos del *kundalini*, he aprendido de mi maestro Karta Singh que somos guerreros espirituales, como los antiguos samuráis.

También en nuestra cultura occidental, que bebe de las fuentes de la Grecia clásica, existieron textos, himnos o poemas como la *Oda al dios Ares*, donde se invocaba la divinidad de la guerra, no para combatir, sino para conectar con la energía y encontrar la paz. Curiosamente, cuando este himno glosa los tres enemigos del ser humano, cita nuestra mente, como creadora de ilusiones o *maya*, casi siempre en términos negativos, y también la ira y la rabia, que brotan violentamente como impulso descontrolado, y la pulsión *tánatos*, es decir, el miedo a la muerte.

Como puede verse, las viejas tradiciones de uno u otro continente se tocan.

La sabiduría de la antigüedad parecía poseer las claves para vivir en armonía. Parece que somos nosotros quienes, montados en la rueda del progreso, nos alejamos de sus enseñanzas.

No aprendemos para hacer la guerra, sino para conocernos a nosotros mismos, para conectar con nuestro corazón y compartir con los demás. En el camino, hay sacrificio, mucha renuncia y saber sostener.

El sendero no es fácil y es preciso tener mucha devoción, entrega y disciplina, pero vale la pena.

País/territorio: China

China es un continente por su número de habitantes y casi podría ser el mundo entero por su expansión en las últimas décadas.

El siglo XXI no se entiende sin este gigante asiático que ha venido para asumir el rol de líder mundial en detrimento de Estados Unidos.

China representa un nuevo bipartidismo mundial, en el que Norteamérica se mantiene muy debilitada frente a esta potencia asiática, a la que acompañan otros países emergentes como la India, Japón e incluso Thailandia.

La cifra demográfica, por encima de los mil millones de habitantes, da una simple medida de su potencial y, también, de sus problemas.

La capacidad de trabajo de los chinos es abrumadora. Desde hace ya unas décadas, el impacto de su mano de obra ha llevado al mundo entero a fabricar en suelo mandarín. Con su enriquecimiento y el declive del comunismo, los chinos han adoptado el rol de nuevos ricos y se comportan como occidentales consumistas, fascinados por la dictadura de las marcas comerciales. Exagerando un poco, se podría decir que la cruz del Mercedes o los aros de la Audi han venido a sustituir a la hoz y el martillo.

Para un romántico, viajero y mitómano como es mi caso, el viaje a China supuso un golpe directo al mentón de mis ilusiones. Pese a que no esperaba encontrar un remanso de paz y espiritualidad taoísta, sí tenía ciertas esperanzas de hallar algo de su pasado tradicional. Al ser uno de los últimos países que he visitado en Asia, tenía expectativas de encontrar ambientes similares a los de lugares como Thailandia o Vietnam.

En China te reencuentras con la polución, la densidad de población y el bullicio, pero a unos niveles tan colosales que deseaba salir corriendo del país o, por lo menos, de su capital, Pekín. El llamado mercado de la seda no era un bazar de Marco Polo, sino unos almacenes algo decrépitos y llenos de imitaciones.

En cuanto al viejo Pekín, el único barrio tradicional conservado, apenas cubría la extensión de una manzana. Lo mejor fue la visión del lago Hoa Kiem, cuando la neblina polucionada ascendía y se podía ver el cielo azul o el bonito Templo del Cielo, con sus jardines, pero, en general, la capital china me decepcionó. Probablemente, mi mayor desengaño fue la visita a la ciudad imperial, pues me había hecho muchas expectativas y me pareció un decorado de cartón piedra desprovisto de vida.

Pekín y muchas otras ciudades chinas como Xian, Lanzhou o Shanghái son modernas metrópolis, no muy especiales y sin el halo estético tecnológico de sus equivalentes niponas. Aquí no hay orden ni criterio, solo ostentación, monumentalidad, aires acondicionados a todo trapo y una atmósfera que, en mi negativa opinión, reúne las peores características de Occidente y muy pocos atributos asiáticos.

Viajar por China es sencillo debido a la buena red de comunicaciones, aunque las distancias son enormes.

En el único viaje que hice a este país, me desplacé en el tren bala que une Pekín y Lhasa en apenas tres días, recorriendo casi todo el norte. Pasé por lugares como Xian, Lanzhou y Xining, antes de llegar al país tibetano. Allí, a diferencia de lo que me han contado de lugares del sur de China, como la provincia de Yunnan, lo que encontré fue un paisaje anodino, llano, polucionado y con pocos árboles.

Soy consciente de que apenas conozco el país y de que estoy dando una opinión con una sola visita. Imagino que hay muchas Chinas, pero esta es la que yo conocí.

En algunos lugares de China, como en el Parque Nacional de Jiuzhaigou, cerca de Chengdu, pude contemplar una naturaleza esplendorosa con lagos de aguas cristalinas que cabalgaban sobre un precioso valle rodeado de montañas.

Pese a ello, mi visión de China no es bucólica. Me resulta un territorio arisco, duro, polucionado y de agrio talante. Los largos años de férrea dictadura parecen haber despojado a sus gentes de la elegancia de otros tiempos.

Vivencias

Me recibieron en un Audi A6 en el aeropuerto de Pekín. No iba de invitado por ninguna institución, sino simplemente a rodar un documental de bajo presupuesto para la Casa Asia. Ma Hui, mi enlace, amigo y exalumno de la escuela de cine, ejercería de director de fotografía y productor en todo el rodaje en China. Éramos un equipo reducido, al que se sumaba mi cámara, Sergi Alamillo. Los dos nos sorprendimos por la opulencia del recibimiento, un gran coche con un joven chófer y directos a uno de esos modernos e impersonales hoteles que para Ma Hui eran la imagen de la modernidad, el lujo y la pulcritud.

Ma Hui desconocía que a Sergi le gusta todo lo exótico y a mí lo tradicional. No tardó en descubrirlo, pero aun así no se apartó demasiado de su plan.

El primer día ya dio muestras de su disciplina, presto para rodar y escuchar las órdenes de su director. Llegamos al Templo del Cielo y empezó a comprobar que mi forma de rodar un documental no pasa por dar órdenes concretas y precisas, sino pautas con bastante libertad para los cámaras. Aquella libertad incomodaba a Ma Hui, porque quería posiciones de cámara marcadas y composiciones de plano acotadas.

Al ser dos, Sergi podía mostrar a Ma mi método. Sin embargo, pasados unos días Sergi tuvo que confesarme que nuestro director de foto y cámara chino andaba algo preocupado por no entender lo que su director se llevaba entre manos. Quería órdenes más precisas y sentir una disciplina más estricta que la que le estaba imponiendo.

Por otra parte, su nivel de exigencia con los detalles de producción relacionados con transportes, dietas o todo lo que fuera necesario para nuestro trabajo le ocupaba toda la jornada.

Cuando acabábamos de rodar, apenas descansaba, porque prefería revisar el material. Si había algo de tiempo libre, quería hacernos de guía turístico y mostrarnos las maravillas de su país.

Nosotros entendimos que aquello era un ritmo infernal, un ejercicio de disciplina desmesurado, pero Ma era feliz así. Si se lo impedíamos, sería peor.

De esta forma, fue transcurriendo el viaje con algún que otro incidente, como que Sergi se negara a desayunar *chow mei* y sopas de aleta de tiburón o que ambos quisiéramos huir del hotel de militares del padre de un amigo de Ma Hui por mucho descuento que nos hicieran.

Para nuestro amigo chino, la disciplina y entrega debían tener el premio de comer y dormir en el mejor sitio posible. Lo mejor era lo más caro, aunque él trataba de conseguirlo sin pagar demasiado.

A lo largo de la jornada, Ma Hui llevaba numerosas cosas en la cabeza, porque, aparte del control de la luz en el documental, la producción, los números y la traducción, seguía estando pendiente de contactos de trabajo y reuniones que tendría al acabar con nosotros. Entretanto, recibía llamadas de la familia y también de algún amigo.

Verle así me resultaba estresante, pero no pude hacer nada por cambiarlo. De esta forma, llegamos a Lhasa, donde las condiciones de rodaje empeoraron por dos motivos principales: el mal de altura y la prohibición de filmar.

Allí estaba un chino, guiado por unos locos occidentales, para rodar algo prohibido por su régimen... Pero Ma Hui, en un acto de devoción a su antiguo maestro y ahora director, y con la disciplina de quien busca impulsar su carrera audiovisual, se entregó a la causa a tumba abierta.

Por si esto fuera poco, Sergi cayó enfermo el primer día de rodaje en el Tíbet, víctima de una terrible migraña, producto del mal de altura, y se pasó casi tres días en la habitación del hotel.

Ma Hui se convirtió en el único cámara y el hombre para todo, que me acompañaba cada jornada para rodar el documental, en compañía de la guía impuesta por el gobierno chino. Convivimos con nuestra mentira de ser turistas, tirando fotografías bajo un sol cegador y extenuante. Al ser director, podía dar instrucciones y ponerme a la sombra, pero el cámara estaba a merced del sol, con el ojo puesto en el visor, preparando el plano, rodando y trabajando sin parar.

Confucio dice:

«No precipites las cosas, no ansíes pequeños logros.

Si precipitas las cosas, no las alcanzarás; si ansías pequeños logros, fracasarás en las grandes empresas».[2]

---

2. Confucio. *Lun Yu*. Editorial Kairós, Barcelona, 1997, pág. 96.

Estaba claro que Ma Hui cumplía con extremo rigor este precepto. Lo suyo eran las grandes empresas, aunque me preocupaba la intensidad que les ponía.

Recuerdo especialmente el día en que subíamos al Potala. El sol resplandecía sobre el monumental conjunto encalado en blanco.

Las escaleras ardían y se hacían interminables, y, sin embargo, Ma Hui filmaba la subida de todo peregrino tibetano que considerábamos pintoresco y auténtico. De este modo, no solo ascendía las escaleras y soportaba el sol, sino que, además, llevaba la cámara. Yo iba tapado hasta las orejas con pañuelos, ropas y gorro para protegerme del sol. Fuimos cogiendo ritmo de rodaje, grabando aquí y allá, excitados por la trascendencia del momento. Rodábamos en el Potala, aunque fuera de forma clandestina y con una cámara de fotos. No paramos durante tres horas, ni tampoco durante los siete días que pasamos en el Tíbet.

En todo este tiempo, Ma solo dio muestras de cansancio el día en que viajamos en furgoneta para llegar a Shigatse, donde está el precioso palacio de Tashulimpo, una réplica menor, pero más envejecida, del complejo monástico del Potala.

Al menos allí los hans chinos no han construido una plaza dura con una gigantesca bandera de su país, marcando el territorio a los tibetanos. La aldea tiene aires de vieja localidad tibetana, todavía no han construido alrededor de ella una ciudad comercial dispuesta a explotar las fuentes del turismo incipiente que despierta el Tíbet.

Ma Hui enseñando una foto a un niño. Parque de Jiuzhaigo, Sichuan, China.

Pero estoy seguro de que no tardarán en hacerlo, porque ahí donde un chino ve opciones de ganar dinero, pone su empeño y trabajo para conseguirlo.

A lo largo del viaje, Ma Hui se dedicaba a comprar pequeñas réplicas de Budas de arcilla. Cuando llegó al centenar, las empaquetó y las envió por correo certificado a su domicilio en Xian. Decía que eran para decorar su casa, pero dada la cantidad, yo diría que tramaba algún negocio o intercambio.

Arrastrados por la guía local, que seguía esa idea de que el turista cuanto más ve, más contento, íbamos a un ritmo increíble. Al menos, estas eran las consignas de su jefe en la central de Pekín.

En nuestro caso, al cansancio propio del turista habitual, sumábamos el hecho de estar grabando continuamente, los efectos del sol y la falta de oxígeno propia de aquellas alturas superiores a 3.000 metros. Pero, pese a todo ello, no hubo una sola queja de Ma Hui.

Sergi se recuperó como pudo de su migraña y yo tuve un día de bajón con algún problema estomacal, pero nuestro hombre chino en el Tíbet solo temía un ataque terrorista y no comprender qué documental estaba rodando su director.

Sin embargo, cuando llevábamos dos o tres días lejos de la meseta tibetana, de vuelta hacia los llanos de Lanzhou, Ma Hui, en un arrebato de furia por perder tres partidas seguidas al billar, sufrió una especie de infarto al corazón. Fue ingresado en el hospital y nos lo devolvieron al día siguiente, con un marcapasos externo incorporado y la orden de detener toda actividad.

La causa tenía que ver con el mal de altura, que puede afectar cuando uno se aclimata durante los primeros días, pero también durante el regreso. A pesar de lo que tenía, Ma Hui quería seguir rodando y participando en el documental.

Su entrega y disciplina le llevaban a morir en acto de servicio, si era preciso, se negaba a rendirse antes de acabar el trabajo.

Le permitimos acompañarnos al Parque de Jiuzhaigou. Allí, en plena naturaleza, tratamos de bajar la intensidad del rodaje, pero con él era imposible. No sabía trabajar a medio gas. Si hacía algo, ponía todo el empeño del mundo, como aquellos chinos artesanos y carpinteros que reconstruían los templos tibetanos destruidos durante los años de la revolución comunista. Era un espectáculo verles trabajar imitando aquellas filigranas y trabajos de marquetería sobre la madera, para reconstruir los edificios en su aspecto original.

También resultaba conmovedora la disciplina de Ma Hui, pero tuvimos que apartarle del rodaje al llegar a Xian, su ciudad natal, pues tuvo que volver al hospital para someterse a una pequeña intervención quirúrgica de corazón.

En un principio pensé que el mal de Ma Hui era estrés, que todo aquello era debido a tomarse la vida como un adicto al trabajo, pero con el paso del tiempo comprendí que simplemente seguía una conducta de pura disciplina y gratitud, como cuando era mi alumno y al acabar la clase venía y borraba la pizarra. En dos décadas siendo profesor, jamás vi nada igual.

Ma Hui me enseñó con su manera de actuar a respetar el carácter chino, que se nutre de la confluencia de tres religiones (taoísmo, confucianismo y budismo), que viven bien integradas y asimiladas, sin que ninguna de ellas se autoproclame poseedora de la verdad. El taoísmo aporta la conexión con el *chi* o energía de la naturaleza, el budismo chino resulta austero y depurado, precediendo al zen, y el confucianismo aporta una visión poco metafísica y tremendamente pragmática.

Tal vez por eso, al acabar una clase de análisis fílmico en la que yo explicaba el concepto de estilo autoral y artístico de una película, Ma Hui vino muy decidido y me preguntó: «Profesor, ¿cómo hacer dinero con una película?».

Esta es la disciplina de los chinos, ir al grano, primero ganar dinero y luego ya veremos. Obviamente, es discutible y muchos podemos estar en desacuerdo, pero es incuestionable el tesón y rigor con que aplican sus valores. Para los chinos es muy importante el cumplimiento de los ritos, entendidos como modales o formas de educación. El ser humano se debe a su sociedad y ha de cumplir con ella.

Por eso, el alumno al acabar las clases hace un regalo a su maestro. El que Ma me hizo es un cojín con un dragón bordado, que todavía conservo.

Días después de que dejáramos a Ma Hui en Xian, y con su recuerdo en la mente, Sergi y yo pudimos ascender al monte Huashan, cargados con todo el material de cámara. Había tramos de escalada con cuerda y alguna pendiente comprometida que te planteaban el abandono, pero la fuerza disciplinada de Ma parecía arrastrarnos a la cumbre.

Una vez arriba, pudimos disfrutar de la sagrada Montaña Amarilla, que alberga varios templos taoístas y otros dedicados a Confucio.

Allí trabamos amistad con unos jóvenes que iban a conocer la luna, ya que la polución de su ciudad no les permitía ver el cielo estrellado.

Desde la distancia en el tiempo, siento hoy las luces y sombras de este gran país al que me resulta difícil volver. Tal vez no esté preparado para él o simplemente, no nos entendemos, pero China y mi colega Ma Hui me enseñaron lo que es la disciplina, la entrega y el valor del trabajo.

En mi ciudad, Barcelona, son muchos los chinos que regentan bares y negocios. Uno de la calle Joan Güell, donde me reúno con mis amigos, antes era Can Angi y ahora es el Bar de Hao. Cuando llegó, este curtido cantonés apenas sabía hacer una tortilla a la francesa, servir un gin-tonic o pronunciar una palabra en castellano.

Hoy, al igual que hizo mi alumno Ma Hui, gracias a su calculadora traductora, es capaz de utilizar términos que ni nosotros recordamos.

Hao cada día pregunta el significado de una nueva palabra y la aprende. «Vehemente», «reo», «fascineroso»... Todo va entrando en su vocabulario mientras lleva el bar completamente solo, abriendo a las siete de la mañana y cerrando sobre la una de la madrugada, cuando la clientela le deja. Si tiene que cerrar más tarde, duerme en un camastro junto a la cocina del bar y vuelve a abrir por la mañana.

Muchas veces, Hao nos recuerda que los chinos han comprado la deuda pública de casi todos los países occidentales, de forma que el día que quieran nos dirán a todos que el territorio es suyo. Esta es la ocupación silenciosa de la China, que con su disciplina se está comiendo el mundo.

Me parece del todo justo, lo único que reprocho es que no mantengan algo de la tradición o del refinamiento oriental que he encontrado en otros países de Asia.

Cita

«Escucha mucho y rechaza lo dudoso.
Sé circunspecto al hablar de lo restante.
Cometerás así pocos errores.
Observa mucho y rechaza lo aventurado.
Sé circunspecto al obrar en lo restante.
Tendrás así pocos motivos de arrepentimiento.
Tu prosperidad radicará en cometer pocos errores
al hablar y tener pocos motivos de arrepentimiento
en tus obras.»

CONFUCIO, *Lun Yu II - 18*

10. La danza de Shiva

Sutra: Yoga, la unión de cuerpo, mente y espíritu

Somos parte de un todo. No solo somos nuestra mente.

El ser humano va más allá de sus cualidades mentales y racionales, es algo más que un individuo inserto en una sociedad.

Como decía Jaume Mascaró, sanscritista y traductor de las primeras ediciones de clásicos orientales al inglés para Penguin, todos nosotros somos pequeñas llamas de un fuego infinito del que procedemos. Cada ser es una vela que alumbra y participa de un gran fuego universal.

Nuestro mundo moderno, civilizado y avanzado, nos ha desconectado de ese fuego infinito del que venimos y formamos parte. Esta desconexión nos provoca el dolor de una ausencia.

Vivimos sin atender a nuestra espiritualidad, tan solo pendientes de la fascinación por la cadena del pensamiento y el culto al cuerpo, olvidando el valor del conocimiento intuitivo y la trascendencia de nuestro espíritu.

El yoga es un camino para conectar con la espiritualidad de un modo profano, porque no se trata de una religión, sino de una ciencia o, si se quiere, de una filosofía milenaria que busca aunar el cuerpo, la mente y el alma con la fuente universal.

Mircea Eliade, al inicio de su extenso libro sobre el yoga, habla de cómo esta disciplina puede liberarnos de la dispersión y el automatismo de la conciencia profana. Para él, la función del yoga es unirnos con el espíritu, la unión del ser humano con Dios.

El yoga nos libera de *maya*, el mundo de la ilusión cósmica en el que vivimos.

La primera condición para la liberación es el desapego y en el camino del yoga hay algo de ritual iniciático, dado que el alumno precisa de un maestro o gurú que le transmita un conocimiento que durante milenios se transmitió de forma oral.

Por su parte, Gopi Krishna, uno de los primeros gurús en transmitir el *yoga kundalini* en Occidente durante el siglo xx, considera esta disciplina como parte empírica de la religión, dado que se basa en una práctica que resulta especialmente válida en esta era de la razón en la que acabaremos necesitando alguna conexión con la realidad trascendente.

El yoga supone la unión del individuo con la conciencia universal que los hinduistas llaman Brahma, pero no implica necesariamente la pertenencia a una religión concreta o credo. Las raíces del yoga proceden de la matriz contemplativa hindú de la que muchas religiones beben, ya sea el hinduismo, el budismo o el zen. El primer yoga fue básicamente meditativo.

De todos los *Yoga Sutras* de Patanjali, solo uno habla de posturas o *asanas*.

Toda la parte más física y corporal del yoga que conocemos hoy día se debe a las transformaciones que el tantrismo del siglo IV hizo sobre el yoga clásico meditativo.

Carl Jung se interesó mucho por el tantrismo. Sin embargo, en su libro sobre *La psicología del yoga kundalini*, deja claro que esta variante del yoga, además de fusionar meditación y trabajo corporal, era antiascético, antiespeculativo y transgresor con respecto al hinduismo, al rechazar su sistema de castas.

Tantra significa tejer, hilvanar, y como disciplina es una ramificación del yoga, desarrollado en la Edad Media, incorporando elementos esotéricos y de transformación de la conciencia.

Mircea Eliade dice que tantra también se puede definir como «lo que extiende el conocimiento», porque sus enseñanzas se introdujeron tanto en el hinduismo como en el budismo.

Según los budistas, Asanga fue su fundador y el *Vajrayana* o *Vehículo del Diamante* es su texto básico. El tantrismo se desarrolló en Kashmir y en la frontera con Afganistán, y también en Assam y la parte oriental de Bengala.

Dentro del contexto histórico hindú, el tantra dio una importancia al cuerpo que nunca antes había tenido en la historia espiritual de la India. Sin embargo, sus elementos esotéricos y rituales sirvieron para desprestigiar al yoga en general, que fue perdiendo prestigio hasta quedar casi olvidado en el siglo XIX, cuando solo lo practicaban las castas bajas.

Con la llegada del colonialismo y el primer gran encuentro entre Oriente y Occidente, el yoga fue recuperado del ostracismo. Los occidentales sintieron mucho interés por esta disciplina, que conectaba con su fascinación por la gimnasia sueca y el escultismo británico. Fue entonces cuando diversos gurús hindús difundieron las enseñanzas del yoga, que hoy quedan reflejadas en escuelas como la de Yogananda, Krishna Macharia o su discípulo Yyengar, Yogi Bhajan o Swami Vivekananda. Este último fue el primero en viajar a Inglaterra y Estados Unidos, impartiendo conferencias sobre la vía del yoga, las experiencias de los yoguis y el conjunto de las filosofías orientales.

En el mundo anglosajón, los primeros escritos acerca del yoga, como *The Serpent Power* de Arthur Avalon, datan de principios del siglo xx, coincidiendo con la primera difusión de otros textos orientales, como las *Upanishads* o la *Bhagahvat-gita*.

Dentro del orden mitológico y legendario, se considera que Shiva, en su condición de hacedor y destructor, fue el primer yogui entre los dioses, el primer maestro de yoga de la humanidad. Él debió realizar las primeras posturas, que después transmitió a los seres humanos. El *lingam* (falo) de Shiva que ocupa el altar de sus templos, en mitad del cuadrado femenino o *yoni,* remite a la fertilidad y fecundidad, así como al ascenso de la energía *kundalini* por la columna vertebral. Esta es la energía *shakti* de naturaleza femenina que permanece enroscada como una serpiente en la base de la columna y que, mediante la práctica del yoga, debemos despertar para alcanzar otros niveles de conciencia, donde poder bailar a la vida.

Así lo explica Heinrich Zimmer:

«La espina dorsal es como un gran árbol debajo del cual reposan todos ellos, nuestros sentidos son las mujeres, el canal del placer más elevado (*sushmana*) es la flauta a través de la cual su respirar pasa suavemente en un sonido melodioso, el espíritu y la respiración son las dos manos que la sujetan, los seis centros con forma de loto, situados uno encima del otro en la columna vertebral, tienen siempre una serpiente enroscada a su alrededor (*kundalini*) que constituye su energía vital. Son seis reinas serpientes que danzan al son encantado de la flauta, y un rey serpiente, su esposo, levanta su cabeza en el loto más alto, mientras su cuerpo acaba en la parte más inferior y baila con ellas. Entonces, retumba como un timbal de guerra en la lucha de nuestra chispa vital contra las pasiones del yo, resuena como un tambor de mano que toca Shiva durante la danza: el trascendido baila en nuestro interior dirigiendo el mundo de nuestro cuerpo; retumba un sonido en el centro de nuestras cejas, parecido a los truenos de una nube situada en medio del horizonte, y despide rayos de una luz más elevada, mientras el agua que suelta apaga el fuego con el que tan apasionadamente estábamos acostumbrados a apegarnos al mundo, a la individuación, al destino, al nacimiento y a la muerte».[1]

---

1. Heinrich Zimmer. *Yoga y budismo*. Editorial Kairós, Barcelona, 1998, pág. 127.

Shiva es el danzador divino que domina el ritmo de la danza cósmica de la creación, la preservación y disolución universal.

Hay que despertar la danza de Shiva en nosotros para danzar a la vida, porque despertar la *kundalini* no es más que despertar lo divino y activar lo inconsciente.

Hay riesgos, puertas que se abren para no cerrarse, cosas imprevistas, pero debemos poder ser como el árbol bien enraizado en la tierra, flexible y danzarín, que se alza sin romperse por la fuerza del viento, para así ascender con nuestras ramas hacia el cielo.

Podemos ser pragmáticos y racionalistas y estar cargados de sentido común de base, pero también tenemos derecho a ser ensoñadores y místicos y estar repletos de intuición. Debemos flexibilizar nuestra mente para liberarnos de la rigidez que, partiendo de nuestras ramas, nos impide crecer.

El yoga es un camino de autoconocimiento que, mediante la práctica de posturas (*asanas*), ejercicios respiratorios (*pranayamas*) y meditaciones, nos ayuda a conectar con lo trascendente y la sabiduría instintiva de nuestro cuerpo, además de relacionarnos con nuestra mente de otra forma.

Yo practico la variante tántrica del *kundalini*, pero no importa el tipo de yoga, sino el obtener una forma de conocerte mejor y poder dedicar tiempo en tu cotidianeidad para liberarte de las ataduras de la razón, sintiendo que hay algo más, místico, espiritual y sutil. Para mí esta es la razón de la práctica del yoga, que recomiendo a todo el mundo, no como religión, sino como práctica de autoconocimiento.

Cuando hacemos yoga, no adoramos a Shiva ni a ningún otro dios, simplemente conectamos con nuestra dimensión espiritual e intuitiva, comprendiendo que formamos parte de un todo y que no podemos ir por ahí creando nuestra realidad mental. Existen otros planos importantes a los que el yoga nos aproxima.

Supone una transformación y ampliación de la consciencia, abriendo la mente a nuevas áreas de percepción.

No hay que pensar en revelaciones inmediatas ni en visiones místicas instantáneas, sino en cosas más terrenales como despertar la intuición.

Cuando conectas y trabajas con tu cuerpo, pones a dormir la mente racional.

A partir de este momento, se activan centros somáticos, como la zona del ombligo, conocida como tercer *chakra* (*manipura*), y desde ahí recibes informaciones más instintivas. También puedes despertar el mitificado tercer ojo o sexto *chakra* (*ajna*) del entrecejo. No es que te vuelvas santo, simplemente te llegan ideas sin pensarlas, surgen decisiones y soluciones sin forzar nada, de forma libre, ajena al raciocinio.

Tal vez, no las escuchas, no les haces caso, pero están ahí. Nuestra mente, al igual que todo nuestro ser, es más perceptiva de lo que pensamos. La cuestión es mantener el cuerpo sano, no intoxicarlo y depurarlo para afinar la frecuencia en la que queremos vivir. Esta afinación se llama yoga. Puede asociarse con la flexibilidad, con la dieta vegetariana, con barbas y turbantes o gimnasios *new age*, con todo lo que uno quiera, pero para mí el yoga es una invitación a vivir la vida, una danza en la que tu cuerpo, mente y alma vibran al son del universo.

País/territorio: Rishikesh

Rishikesh es la capital del yoga, desde que durante la segunda mitad del siglo XX proliferaron los *ashrams* sobre la ribera del río Ganges, un poco más allá de su nacimiento en los Himalayas.

Esta pequeña localidad, que el turismo tanto local como extranjero ha hecho crecer, se asienta sobre la ribera del Ganges, rodeada de verde vegetación a una altura de unos 372 metros.

El lugar es uno de los centros de peregrinación sagrados en la India y se compone de dos partes: la antigua, que va desde el puente de Lakshmanjhula hasta el de Maya Kund, y la moderna Rishikesh, que es la que recibe al viajero cuando llega por carretera desde la estación de ferrocarril de Haridwar.

Desde Delhi, la distancia del viaje en un tren exprés se realiza en apenas cuatro horas y media.

Se puede dormir en cualquiera de los múltiples *ashrams* de Rishikesh. Poseen normas básicas, pero no demasiado exigentes como para que te hagan sentir en una cárcel espiritual o dentro de una secta.

Básicamente, se pide silencio y respeto por la práctica y la meditación.

Ruinas del ashram *del Maharishi Mahesh, Rishikesh.*

Si se desea, también se puede dormir en un hotel, aunque no hay muchos y resultan más caros, además de estar en la parte nueva de la ciudad.

Mi recomendación es dormir en un *ashram* para poder acudir a clases de yoga y gozar de un espacio de espiritualidad con las mejores vistas del río.

Yo pasé una semana en el *ashram* de Shivanda, uno de los más conocidos, junto con los de Kailas o el de Vivekananda. El visitado por los Beatles del Maharishi Mahesh está cerrado desde años, en un grave estado de abandono, entre la maleza.

La actividad en un *ashram* empieza con el canto de mantras y meditación al amanecer, sigue con la clase de yoga matinal y se detiene al mediodía hasta bien entrada la tarde, debido al intenso calor. Las clases vuelven al atardecer y la meditación al anochecer.

Los *ashrams* suelen están llenos de occidentales y turistas que vienen de Israel o Australia. En cuanto a asiáticos, son pocos los residentes y muchos los hinduistas que vienen en peregrinación durante una jornada.

Hoy en día, la difusión y práctica del yoga se da más en el mundo occidental que en la propia India, por lo que no es de extrañar que muchos de los instructores de estos centros puedan ser alemanes, holandeses, franceses o americanos.

Mi consejo es pasar al menos cinco días en Rishikesh para sentir la atmósfera del lugar. El amanecer es mágico, con la melodía de los mantras y oraciones sobre el bramido de las aguas que bajan turbulentas. Por las tardes, acontece una bella puesta de sol sobre el cauce del río que se pierde en una curva sinuosa.

Desde el pueblo pueden hacerse excursiones o peregrinaciones a otros lugares sagrados como Bradinath, Kedarnath o Gangotri, donde nace el Ganges.

Al menos, una de las tardes en Rishikesh hay que acudir a la ceremonia que se celebra entorno a Maya Kund, con los monjes cantando mantras, tocando campanas y ofreciendo sus coronas de flores al Ganges.

Lo más característico de Rishikesh es el extenso mercadillo artesanal y las tiendas con complementos para la práctica del yoga, aunque el turismo le está restando encanto y autenticidad y está convirtiendo este mercado en uno de tantos que ya hemos visto. De todas formas, puntualmente puede encontrarse alguna parada curiosa.

En lo referente a la gastronomía, el lugar no ofrece mucho, pero se puede disfrutar de un buen plato de *dahl,* esas lentejas típicas de la India, y aprovechar para someterse, al menos unos días, a la dieta vegetariana, que armoniza la práctica del yoga.

Con un poco de suerte, todavía pueden encontrarse algunas librerías de segunda mano, llenas de libros de orientalismo.

Para mí, lo más bonito de la estancia en Rishikesh es ver llegar cada amanecer a los peregrinos hindúes, que vienen a bañarse en las aguas sagradas del Ganges.

Entre ellos, los babas, reconocibles por sus túnicas naranjas, los rostros pintados de blanco y el bastón que portan como evocación del tridente de Shiva, son los más pintorescos. La mayoría siguen una vida de ascetismo, pero hay de todo, y muchos se dedican a pedir limosna a los turistas a cambio de posar para sus cámaras.

Otra de las atracciones de Rishikesh puede ser su fauna, con vacas sagradas comiendo entre las basuras o lo monos que pueblan algunos de sus templos.

Sin duda, este es un enclave bucólico al que el turismo ha restado encanto y autenticidad. No obstante, merece una visita para beber de las fuentes del yoga o, al menos, establecer un contacto.

Antes de abandonar Rishikesh, hay que darse un baño en el río, pues la leyenda dice que solo así podremos alcanzar el *moksha* o liberación espiritual.

Vivencias

Mi primer contacto con Rishikesh fue extraño, era mi primera noche en la India, llegué de madrugada con mis compañeros de rodaje hasta Delhi. Apenas dormimos, esperando en la estación para tomar el expreso a Haridwar.

Durante aquella espera conocimos la miseria de los *parias* que deambulaban entre los andenes y se acostaban en los suelos de la vieja estación.

El tren nos sacó al amanecer con la visión de la pobreza del extrarradio de la capital.

Una vez en Haridwar, grupos de indios se peleaban por el dinero de unos turistas en busca de un taxi a su hotel en Rishikesh. Llegamos en estado de shock.

Al despertar de un largo sueño, el descenso al viejo puente de hierro de Lakshmanjhula nos confortó, y descubrimos que la India podía tener espacios mágicos y primitivos, además de aquella miseria y embrutecida modernidad que habíamos visto hasta ese momento.

Escuchamos los mantras sobre el Ganges y nos vimos desbordados por la avalancha de *ashrams* con rótulos que promocionaban distintos tipos de yoga y meditaciones.

Los peregrinos locales permanecían ajenos a todo este mundo de turistas como nosotros, magnetizados por la mística del yoga o las dosis de escapismo proporcionadas por la marihuana local.

Nosotros solo visitamos los *ashrams* para realizar entrevistas para el documental y nos hundimos al descubrir que el centro del Maharishi llevaba cerrado años.

Una mañana abordamos en la calle a un hindú vestido con túnica blanca y aspecto de gurú. Se hacía llamar Prakash y nos acogió en su casa particular, sede de lo que él llamaba la World Peace Association. Aquel fue mi primer contacto con el yoga. Después de responder rutinariamente preguntas sobre los hippies llegados a Rishikesh y confesar que apenas sabía quiénes eran los Beatles, nos montó una sesión de meditación con mantras.

Recuerdo la insistencia con el mantra *Soham*, que significa el sentido personal, «yo soy tú». Prakash también nos hizo una lectura energética de nuestros cuerpos. Me metió la uña en mi *nabhi* u ombligo, que parecía tener muy débil.

En yoga, el *nabhi* o *manipura* se corresponde con el tercer *chakra*, el centro energético de nuestro cuerpo, donde se mezclan el *prana* y el *apana*, las energías de carga y eliminación, que circulan por el *ida* y *pingala*, los canales energéticos que van a uno y otro costado del *sushmana* o canal central, por el que asciende la *kundalini*.

El tercer *chakra* tiene que ver con la determinación, la autoestima, con cómo afrontas tus retos en la vida, y yo de-

bía llevarlo bastante mal, porque Prakash puso cara de preocupación.

Los *chakras* son centros energéticos, que se reparten por
nuestro cuerpo y los debemos visualizar como discos ubicados en nuestra parte anterior y posterior. Según el contexto
cultural, pueden variar de número, por ejemplo, en el budismo
tibetano se considera que tan solo hay cinco, pero lo más común es contar al menos siete u ocho centros:

- El primero en la base de la columna.
- El segundo en los órganos sexuales.
- El tercero en el ombligo.
- El cuarto en el centro del corazón.
- El quinto en la garganta.
- El sexto en el entrecejo.
- Séptimo en la coronilla.
- Y el octavo sería nuestra aura, aquello que nos rodea.

Cada uno de estos *chakras,* está relacionado con un elemento natural y con aspectos de nuestra psique. Por ejemplo, el
segundo *chakra* tiene que ver con las emociones y su elemento es el agua, que se vincula con órganos como los riñones.
Trabajando en este centro energético, nos permitimos sentir,
desarrollamos la creatividad y confrontamos emociones como
el miedo. En cambio, el tercer *chakra* es *ajni,* el elemento fuego del punto de ombligo, que se estimula para la toma de decisiones o para potenciar nuestra autoestima.

En general, los *chakras* inferiores son nuestra individualidad y nuestras raíces, mientras que los superiores nos conectan con el amor hacia los demás, las relaciones sociales y la conexión con lo sutil y divino. El yoga busca el equilibrio de todos ellos y, comprobando como uno se desenvuelve con cada uno de ellos, hay mucho autoconocimiento.

Según Prakash, mi primer y tercer *chakras* no funcionaban bien, así que tenía que trabajarme las raíces. Mi amigo Ferrán, con sus avatares sentimentales, era un torbellino emocional, que llevaba mal el segundo *chakra*, y Sergi iba sobrado de la expansión del cuarto *chakra,* pero tal vez volaba demasiado.

Pasamos más de dos horas trabajando los *chakras*, con una fase final que pareció una consulta psicológica.

En aquel tiempo, el hombre mezcló cuerpo, mente y alma con facilidad. Para mí supuso una especie de bautizo místico que abrió la caja de los truenos de mi neurosis occidental.

Poco después, comiendo en un restaurante bajo una *jaima* de estilo africano, coincidimos con una pareja pintoresca formada por un californiano en las puertas de la tercera edad y una mestiza hindú muy guapa. Pedí entrevistarlos y nos llevaron al *ashram* en el que se alojaban, el de Shivananda.

En una terraza sobre el Ganges con unas vistas increíbles, realicé una entrevista que se prolongó hasta la puesta de sol. Me hablaron del *karma*, el *dharma* y de las vidas pasadas.

La chica se hacía llamar Kali, como la diosa negra a la que se le ofrecían sacrificios humanos hasta fechas recientes. A mitad de la entrevista, mostró su cuerpo desnudo y nos embrujó a todos. El hombre decía llamarse Satya y parecía rayar la locura, pero el material era bueno y seguimos adelante con ello. No hubo yoga, pero sí intercambio energético y mucha información. Lo que no sabía entonces es que aquel encuentro, sumado al anterior, me iban hacer a volar la mente a un estado de paranoia infernal, como he narrado en el capítulo dedicado al miedo a la muerte.

Aquel primer viaje a Rishikesh y a la India fue un aprendizaje que me hizo ver toda la carga que llevaba conmigo. La energía del lugar, la distancia con respecto a mi mundo cotidiano y la presión de estar rodando un documental me hicieron estallar y bajar hasta un lugar muy oscuro, que me enseñó que algo debía cambiar en mi día a día si quería transitar por la vida de una manera más reposada. Desde entonces practico yoga.

Como dice Iyengar, gran maestro de la escuela yóguica del sur y autor de diversos libros, entre ellos el clásico *La luz del Yoga*, el yoga es el método mediante el cual se obtiene la calma de la inquietud mental y la energía se conduce por caminos constructivos.

Ciertamente, a mí el yoga me ha enseñado a canalizar mi torrente de energía y mal genio. Me ayuda a frenar la inquietud mental que me lleva a arrancar infinidad de proyectos que desembocan en frustración cuando veo que no puedo acabarlos.

El yoga me templa, me apacigua y ordena, aunque el fuego sigue crepitando. Tampoco hay que creer que el yoga es magia, como si fuera un remedio instantáneo y sencillo. Exige dedicación, devoción y disciplina.

Como plantea uno de los pasajes de la *Gita*: «Tu privilegio es solo el trabajo y nunca sus frutos. No dejes nunca que el fruto de la acción sea tu móvil y nunca ceses en el trabajo. Trabaja en nombre del Señor abandonando tus egoístas deseos. Y no quedes afectado ni por el éxito ni por el fracaso. Este equilibrio se llama Yoga».

La siguiente vez que visité Rishikesh ya llevaba casi diez años practicando *hatha* y *kundalini yoga* en Barcelona y no dudé en volver al *ashram* donde todo había empezado. Entonces, como viajaba solo, pude dedicar tiempo a la práctica del yoga y a la convivencia en un *ashram*.

No estuvo mal, pero me di cuenta de que las segundas partes pocas veces son buenas. Era el año 2011, y en el largo tiempo transcurrido desde mi primera visita Rishikesh había crecido en lo urbanístico y también en el número de visitantes. Ya no era un lugar tan bucólico y tranquilo.

Cuando traté de retomar mis rituales cotidianos o reencontrarme con espacios conocidos, me costó ubicar hasta el lugar donde desayunaba. El puesto del anciano vendiendo lápices y caramelos a los niños que iban al colegio había sido sustituido por un gran hotel con sendos locales de estética y ayurveda.

Acabé pasando muchas horas metido en la habitación de mi *ashram,* desde donde podía ver y escuchar el río. Aquello me relajaba. Me sentí decepcionado, asumiendo la lección de que las cosas no vuelven. Entonces descubrí la relación de Rishikesh con el segundo *chakra*, porque en mi soledad conecté bastante con las emociones y mi creatividad. Sentí añoranza y ternura por haber sido padre unos meses atrás. También el peso de la responsabilidad e incluso miedo cuando veía las crecidas del río, que bajaba inmenso y embravecido por las fuertes tormentas de finales de septiembre. Me concentré en escribir mi diario y, en lo poco más de cinco días que duró mi estancia, pude practicar yoga mañana y tarde con un profesor alemán de gran bigote, cuerpo escuálido y mente alegre.

Muchos días su hija de siete años practicaba con nosotros. Su elasticidad me recordaba que nacemos siendo flexibles y sabiendo adaptarnos a las circunstancias, pero que luego nos estropeamos. El yoga es también una reconexión con ese niño que todos fuimos, con el punto de origen del que partimos, con el ser verdadero que llevamos dentro al nacer, al que le ponemos máscaras, ocupaciones y personajes que le desvían de su camino.

Mark y su hija Maya. Shivananda Ashram, Rishikesh.

Al crecer, nos volvemos rígidos, la educación nos hace perder la flexibilidad mental y el cuerpo se endurece. Cuando sopla el viento, nuestras ramas se parten y con la edad, nuestro árbol se va quedando sin ramas, con un tronco pelado, del que ya no crece nada.

La vida del yogui no se mide por los años, sino por el número de respiraciones, por lo que se adopta una pauta más lenta, rítmica y profunda.

Dependiendo del tipo de yoga que se practique puede haber canto de mantras o ejercicios de equilibrio, dado que los caminos del yoga son bastante extensos, pero al final todas las formas de yoga van a parar a un mismo lugar.

Buscamos integrar cuerpo, mente y alma, pudiendo mirar al interior de la persona que somos, con nuestras luces y sombras, tomando conciencia de ello.

El yoga nos clasifica según los *gunas* o atributos dominantes de nuestra persona. Los *sattvicos* son casi ángeles, iluminados y puros, con cualidades como la claridad y serenidad mental. Los *rajásicos* son activos, tensos, enérgicos, productivos y voluntariosos. Los *tamásicos* son oscuros, apáticos, propensos al engaño, y se dejan llevar por la inercia y la ignorancia.

La cultura audiovisual parece inundarnos de zombis *tamásicos,* que en ocasiones parecen el espejo de todos nosotros. Tal vez no debamos convertirnos todos en ángeles, pero sí sería bueno darnos cuenta de dónde estamos y quién queremos ser.

Yo me reconozco *rajásico* hiperactivo, y no creo que pueda cambiar mi naturaleza, tampoco creo que haya que vivirla como un castigo, simplemente es bueno saberlo y observarlo. Por eso, me va bien parar y verme obligado a no a hacer casi nada.

En aquella segunda visita a Rishikesh, viví mis días de forma más íntima y recogida al ir solo y pasar tantas horas en el *ashram*. Cada día practicaba *kundalini* y *hatha yoga*.

La clase matinal la daba Yogui Ji, el hindú responsable del centro, un tipo de tez muy morena, barba poblada y penetrantes ojos negros. Internamente, había algo en él que me chirriaba, tenía que ver con su pose, con un rol adoptado, que transmitía desdén y falta de entusiasmo en su forma de impartir.

Yogui Ji impostaba demasiado la voz y, en mi opinión, daba las clases de un modo artificial, sin explicar las posturas, y cuando las ejecutaba, se quedaba a medias, porque parecía más interesado en volver a la recepción a tumbarse a dormir o comer un buen plato de *dahl*.

Como en aquel momento estaba releyendo la *Bhagavad-gita*, me venía aquello de:

«En verdad, ¡oh, Arjuna!, el yoga no es para el que come en exceso ni para el que se abstiene de comer. Tampoco es para el que duerme demasiado ni para el que no duerme bastante.

El que es sobrio en la comida y en el esparcimiento, moderado en sus actos y disciplinado en el sueño y en la vigilia, encuentra por el yoga la extinción de sus sufrimientos» (Sexto discurso, 16 y 17).

Trataba de hacer mía esta máxima y practicar el desapego para no echar tanto de menos a mi familia, pero no era nada fácil.

Mark, el profesor alemán, venía todas las tardes con su tono de voz calmado y sin cantinela. Con pocas palabras comprendías la postura y él la ejecutaba a la perfección. Su cuerpo no era rechoncho como el de Yogi Ji, sino delgado y fibroso.

Comparándolos, se hacía evidente la basculación del yoga hacía yoguis occidentales, mejor formados y más interesados en esta práctica que los propios indios, pese a la facilidad corporal innata de los asiáticos.

Desde hacía años, los mejores yoguis locales se habían ido a hacer las Américas, siguiendo el camino de Osho o el famoso Maharishi Mahesh, que encandiló a los Beatles a mitad de la década de los 1970.

El verano de Rishikesh resultaba extremadamente caluroso y a mediodía todos acabábamos tirados por los sofás, suelos y camas. La mente no funcionaba del todo bien, porque las altas temperaturas la atontaban y la dejaban fuera de juego.

Una tarde me dejé caer por una librería de segunda mano llamada Shiva Emporium, el clásico espacio comprimido con pilas de libros en equilibrio que dificultaban el paso e incluso la visión. Un cliente japonés con aires trascendentales acababa de pagar un libro y el indio que había detrás de la caja le preguntó:

–¿Cuándo te vas a casa?

A lo que el japonés respondió

–No tengo casa, tampoco necesito una, ¿qué es una casa? No tengo ni casa ni coche ni nada. Solo lo que viene...

El hombrecillo de la tienda, se acariciaba su barba blanca con recelo y mirada alucinada. El japonés volvió a la carga:

–He tenido otras vidas. ¿Y usted? ¿Cómo fueron las muertes de sus otras vidas, lo recuerda?

El pobre indio no sabía qué responder, pero daba igual, porque el japonés solo quería escucharse a sí mismo.

–Soy un alma libre en este cuerpo y recuerdo perfectamente mis numerosas vidas.

Aquello tenía pinta de no acabar nunca y yo ya tenía bastante, así que salí poniendo cara de completa normalidad, pese a la curiosa conversación que acababa de escuchar. Parecía que a algunos se le subían los humos o el calor a la cabeza.

Me resultaba más mundano, salir a ver a las familias locales bañarse con devoción en el Ganges que la pintoresca extravagancia de los turistas occidentales entorno a Rishikesh. Las mujeres vestían saris de colores tan radiantes como las sonrisas de los niños entrando en las aguas del inmenso río. Era una imagen bonita, casi primitiva, y más auténtica que la supuesta profundidad de muchos occidentales, para los que el yoga solo sirve para adoptar una pose vital y engrandecer su ego.

En el yoga, hay una gran lección que tiene que ver con saber elevarse desde las raíces, teniendo humildad y recordando de dónde vienes.

Yoga es compartir y ponerte al servicio del otro, no estar por encima y creerte superior. Sin embargo, cuando trabajas mucho el punto de ombligo y ganas en determinación o contactas con el sexto *chakra* de la sabiduría e intuición, puedes acabar creyéndote un dios o que te comes el mundo. Por eso es tan importante la alineación de los *chakras*. Entre el tercero y el sexto, está el cuarto y el quinto, que te conectan con la sutileza, la compasión y el amor a los demás.

Mi segunda visita a Rishikesh me fue bien para darme cuenta de que el lugar había cambiado, al igual que lo había hecho yo. Mi vida como padre, los años dando clase y tutorías a mis alumnos y el contacto con el yoga me estaban llevando a querer ayudar a los demás. Cada vez me interesaba menos mi proyección personal y más mi autocrecimiento y aprendizaje para ponerlos al servicio de los otros.

Al volver, empecé mi formación como profesor de yoga y un tiempo después seguí profundizando en el viaje del héroe, como forma de terapia, aprendí algo de *reiki* y me matriculé en la formación superior en psicología Gestalt.

Con la distancia de los años que han transcurrido desde entonces, pienso que la lección inequívoca que ofrece el yoga es que no podemos estar desunidos de nuestro cuerpo y espíritu. No somos solo nuestra mente. Debemos aprender a desconectarnos de nuestra mente, y el cuerpo es una vía para conseguirlo. Esta es una de las primeras cosas que puede enseñarte el yoga, mediante series de ejercicios físicos que piden sostener, entrar en la postura y vivir en ella.

Prueba a levantar los brazos al cielo, en un ángulo de sesenta grados, con las palmas hacia arriba, con los codos estirados. Tan solo eso, en estático. A los cinco minutos, tu mente querrá bajar los brazos y que te rindas. No le hagas caso, ella te quiere gobernar como hace siempre, pero si superas esa primera frontera y alcanzas los veinte minutos, verás que algo ha cambiado.

En una ocasión, mi maestro Karta Singh nos tuvo una hora en esta posición, de pie, con los pies desnudos sobre un prado para conectar con la tierra, viendo las imponentes montañas de los Alpes franceses. Me quise morir, pero jamás olvidaré lo que sentí al acabar. Para mí el yoga es esto. Poder conectar con la sabiduría del cuerpo, observar tu mente callada y percibir algo de lo universal que nos rodea.

Arthur Avalon, en su libro *El poder de la serpiente*, constata que el sostenedor de la energía es Shiva, pero que esa energía proviene de Shakti, la gran madre del universo. No hay Shiva sin Shakti y viceversa, los dos se necesitan, son uno en esencia.

Su danza constante es la que nos da vida a todos. En su opinión, la *sadhana* o disciplina y objeto del yoga es elevar esta energía a su perfecta expresión, que nos conduce a una experiencia ilimitada.

Para ello, hay que trascender la dualidad y unir bajo el yugo del yoga todas nuestras polaridades, integrando todos nuestros aspectos, dimensiones y facetas.

El ser humano es un maravilloso artefacto de la naturaleza que comprende la simbiosis del pensamiento racional, lo irracional, el instinto y las emociones.

El yoga es un yugo de unión que conecta e integra todas estas partes. Mediante la práctica del yoga, el cuerpo y la mente se mantienen jóvenes, flexibles y alineados con el alma. Cuando esto sucede, vivimos la vida como una danza de Shiva, con ritmo grácil y elegante, sostenidos desde nuestra propia raíz y naturaleza, en armonía con el universo, que nos rodea y la fuente de la que todos procedemos.

Cita

«Todos los héroes han recorrido el sendero, el camino
es conocido, hay que seguir la huella del héroe.
Donde pensamos encontrar un monstruo,
encontraremos un dios,
donde pensamos en matar a otro, nos mataremos
a nosotros mismos, donde habíamos pensado viajar
al exterior, llegaremos al centro de nuestra existencia,
y donde habíamos creído estar solos,
estaremos con todo el mundo.»

JOSEPH CAMPBELL

Epílogo

Somos seres espirituales: cómo integrar la espiritualidad en lo cotidiano

De todos mis viajes por Asia, el elemento común que he encontrado en cada rincón que he visitado ha sido la impronta de la espiritualidad en la vida cotidiana.

No importa la forma o bajo qué religión haya aparecido, el hecho es que en Asia el hombre no vive desvinculado del espíritu. En el día a día, hay un momento para el rito, la meditación, la oración o la devoción, algo que en nuestra sociedad capitalista avanzada ha desaparecido o trasplantamos desde Asia en forma de yoga para el cuerpo o mindfulness para el estrés y poco más.

Necesitamos vivir nuestra espiritualidad, porque somos seres espirituales.

No podemos dar la espalda a nuestra alma, a la dimensión espiritual que llevamos con nosotros, porque probablemente, en ella reside nuestra esencia.

Toda la espiritualidad hindú de la que proceden muchas de las religiones y filosofías orientales se basa en desvelar y hacer consciente aquello que está oculto, no en describir el mundo visible. Adentrarse en lo sutil, lo inaprensible, lo que nos conecta con el universo. Este es el camino de la espiritualidad que los orientales conocen tan bien.

Como me dijo el sabio Raimon Pannikar cuando lo entrevisté después de mi primer viaje a la India, «el hombre sin espiritualidad se ahoga [...]. Occidente está enloqueciendo con el tema de las religiones, con querer entrar en una forma de vida sin espiritualidad, pero esto no es posible si queremos desarrollarnos como seres humanos».

Nietzsche mató a Dios y el hombre creyó que no era necesaria la espiritualidad. Se confundió el alma con las ideas, y se puso a dormir lo espiritual en detrimento de la mente.

Asimismo, se vinculó el tradicionalismo con la religión y el progresismo con el ateísmo, sin caer en que espiritualidad no siempre equivale a práctica religiosa. Tampoco se contempló que puede existir el sincretismo religioso o la tolerancia de múltiples religiones en armonía.

Esto último ocurrió, por ejemplo, en la India, durante el reinado del rey Asoka en el siglo III a.C. Asoka, en uno de los edictos que hizo grabar en una roca para la posteridad, dice: «Uno no debe solo honrar su propia religión y condenar las religiones de los otros, sino que también debe honrar las de los otros. Haciéndolo, uno ayuda al crecimiento de su propia religión y rinde servicio a la religión de los otros. Si actúa de forma contraria, cava la tumba de su propia religión y hace daño también a las otras.»

Buda negro tibetano. Monasterio entorno a Leh, la India.

Este emperador que abrazó el budismo, integrando y tolerando otras formas religiosas, comprendió que debemos avanzar hacia la fusión de religiones y filosofías. No importa tampoco debatir sobre si el budismo o el taoísmo son religiones o filosofías, porque su naturaleza es inmaterial, la diferencia puede residir en el matiz de si uno es monje o simplemente un ser humano que sigue su camino.

En Asia, el sincretismo ha sido algo bastante común como demostraron los chinos, cuando integraron el budismo dentro de sus otras dos religiones: el confucianismo y el taoísmo. Los japoneses, por su parte, son los grandes maestros en abrazar distintas religiones sin ningún tipo de problema. Allí, conviven el budismo con el antiguo sintoísmo en perfecta armonía. Un japonés puede no diferenciar ambas religiones o no ver ningún problema en orar en un templo budista y después hacerlo en un santuario sintoísta. De hecho, muchos templos budistas poseen en su recinto un espacio para el culto sintoísta.

Somos nosotros quienes montamos cruzadas y guerras de religión para imponer nuestra religión oficial por todo el mundo. Occidente se ha aferrado al monoteísmo de una forma fanática y radical, colisionando con el islam y otras religiones.

La práctica espiritual debería pasar por poder abrazar distintas religiones sin problemas, como sucede, por ejemplo, en el *kundalini yoga*, que integra raíces hinduistas con elementos de la cultura islámica sufí de los sijs.

El único peligro que plantea el sincretismo religioso o la religión a la carta, personalizada y hecha a medida, es la probabilidad de que devenga superficial e impostada.

En nuestro mundo ultracapitalista en el que todo se parametriza, tunea y adapta, somos capaces de crearnos un pastiche religioso tan postmoderno que devenga falso y carente de verdadera espiritualidad. Ahí es donde debe imponerse el criterio y el discernimiento de cada uno, para que su forma de religión o espiritualidad sea lo suficientemente profunda. Para ello, es también muy importante que exista disciplina y devoción.

La espiritualidad por mucho que pueda integrarse en nuestra cotidianeidad no es un camino de rosas, no es abrazar solo lo que me es cómodo y confortable. La dimensión mística o espiritual también confronta miedos y sombras, pero este es el camino del autoconocimiento y el aprendizaje que nos puede hacer crecer como personas. Es así como podemos añadir otra dimensión más trascendente a nuestras vidas.

Cada uno, mediante su criterio puede dar forma a su sentido espiritual, pero cuidado con caer en la trampa de picar un poco de todo sin profundizar en nada. Se puede tantear, como lo haces para conocer a un maestro, pero al final debes elegir aquello que va mejor para tu naturaleza.

Hay diversas opciones: podemos escoger formas menos dogmáticas como el yoga, la meditación o el sentir taoísta del flujo de la naturaleza; abrazar formas de religión monoteístas como el cristianismo, el judaísmo o el islamismo, o politeístas como el hinduismo, o bien, simplemente, venerar a un ser humano que ejerce de maestro y guía, como sucede en el budismo.

Al final, todas estas formas de espiritualidad o religiosidad están unidas por una misma raíz común. Esto es lo que a lo largo de los años han ido descifrando todos aquellos, que se han dedicado al estudio de las religiones comparadas.

Aldous Huxley lo hizo en su *Filosofía perenne*, Joan Mascaró en *Llànties de foc* y Raimon Panikkar a lo largo de toda su vida y obra. En la última revisión de su libro *La espiritualidad hindú*, apuntaba lo siguiente en el prólogo:

«Ver a Dios en todas las cosas y a todas las cosas en Dios es más sencillo de lo que parece, si no separamos la religión de la vida ni a Dios de su Creación... Solo se vive de la espiritualidad positiva cuando se ha eliminado todo el fanatismo».

No olvido aquella visita a Tavertet, que fue un gran viaje a Oriente sin salir de casa, ni tampoco el carisma de una persona en la que la espiritualidad formaba parte de su vida cotidiana. No era un superhombre ni un santo, pero sí alguien sabio, porque había sabido integrar las tres dimensiones de nuestra persona.

Pienso que cada uno de nosotros puede llegar a ello desde la posición en la que esté, sin importar clase social, cultura o condición.

La espiritualidad es un tesoro para todos, que no debemos perder ni tomar como algo ajeno a lo cotidiano.

Venimos de lo desconocido, de un origen primitivo lleno de misterios, no podemos fiarlo todo al culto a la razón, al poder tecnológico ni a la perfección de la máquina.

El despertar de la dimensión espiritual

Tal como establecen Patanjali y las bases de la sabiduría oriental, somos cuerpo, mente y espíritu. La cuestión pendiente que tenemos en el mundo occidental es cómo integrar la espiritualidad en la vida cotidiana. Si la resolvemos, podremos vislumbrar la *darshan* o la mirada que nos permite ver lo divino.

Para ello, tenemos que conectar con nuestra dimensión más interna y profunda. Buscar el silencio, meditar y observar la realidad con atención plena. Mirando hacia dentro y no solo hacia fuera. No hace falta ser un místico ni un iluminado, tan solo es necesario dar espacio dentro de tu vida a esta práctica. Lo más sencillo es realizar unos minutos de meditación cada mañana y cada noche. Pueden bastar once o treinta minutos, no más. No hay que hacer nada, solo estar atento a la respiración en silencio, para salir de la mente y conectar contigo mismo, sintiendo tus emociones, tu cuerpo y tu espíritu.

Otra opción es visitar una iglesia o un espacio religioso, si se es devoto de una religión, pero no como una obligación o una imposición rutinaria y mecánica, sino desde la devoción y la voluntad de entrar en comunión con esa parte espiritual que todos poseemos. Recuerdo a mi abuela cuando en momentos difíciles para la familia iba al Santo Cristo de Lepanto, en la catedral de Barcelona, a pedirle protección. Lo que allí sentía era su devoción, su fe, su entrega incondicional, algo a lo que abrazarse y que a lo largo de su vida le permitió superar los avatares de la Guerra Civil, la posguerra o la polio que contrajo su hija cuando apenas tenía diez años.

Asimismo, nadie que haya visitado la Semana Santa sevillana puede salir indiferente de la bella devoción de quienes cantan a la Macarena o al Cristo del Gran Poder. También, en mi pueblo ampurdanés de Verges, cada año por las mismas fechas sale una procesión religiosa con la ancestral danza de la muerte y cada año la contemplo con respeto y devoción, porque viene a recordarme que la muerte está aquí con nosotros, para cumplir con el ciclo de la existencia.

La visita a una iglesia o participar en una procesión pueden aproximar también a la espiritualidad si uno se permite sentir lo que sucede y va más allá de posibles prejuicios establecidos.

A mí personalmente lo que más me funciona es salir a dar un paseo por la naturaleza más remota que pueda encontrar. Por eso, me estoy acercando cada día más a las altas montañas, a los bosques silenciosos y a espacios no civilizados para conectar, desde la soledad, con la inmensidad que nos rodea.

Existe una espiritualidad en grupo y en comunión que puede ser muy bonita y sanadora, pero para mí primero debe haber una práctica individual, porque, como plantea Krishnamurti, «mientras yo no me comprenda a mí mismo, no tengo base alguna para el pensamiento, y toda búsqueda será en vano».

No debemos acogernos a una religión o sumarnos a una práctica grupal para que nos solucionen la vida o nos digan lo que tenemos que hacer, sino que debemos ser nosotros mismos quienes nos adentremos en la senda de la espiritualidad para aprender cuál es nuestra verdadera naturaleza y esencia.

No hay que perderse en cosas ilusorias ni dejarse deslumbrar por los grandes maestros, sino aprender y hacer nuestro camino.

La práctica de la espiritualidad también tiene que ver con buenos hábitos, no solo corporales y alimenticios, sino mentales o culturales. Debemos estar atentos a la buena literatura, el buen cine, el escuchar música o todo aquello que haga florecer nuestro espíritu, pero teniendo mucho cuidado con los telediarios, la telebasura y la ultraviolencia fílmica. No es cuestión de dar la espalda a la realidad cotidiana ni a las tragedias, pero hoy en día consumimos mucha porquería mediática, además de polución urbana.

Vivir al son de la naturaleza, durmiendo de noche, despertando en las primeras horas, comiendo nada más que lo necesario, cenando poco y no abusando de nada, cambia tu frecuencia vital y tu vibración.

Esta es la parte de la práctica de la espiritualidad que exige sacrificio y esfuerzo. No es nada fácil, porque la vida cotidiana de nuestra sociedad capitalista avanzada nos pone todos los placeres en bandeja, todo inmediato y a disposición, dependiendo de la cartera. Pero hay que practicar cierto desapego y depuración y saber filtrar todo lo que nos resulta tóxico.

No digo que vaya a ser algo inmediato, yo llevo años dando dos pasos adelante y uno hacia atrás, pero tener consciencia de ello y un principio de voluntad ayuda a comprender que la práctica de lo espiritual pasa por cambiar de frecuencia y esto tiene que ver con todo lo que acabo de enumerar o con algo tan simple como dejar de comer carne durante quince días.

Tampoco pienso que debamos ser todos veganos, cada cual debe medir su naturaleza, su condición física, sus niveles de agresividad, su tolerancia al alcohol y tantas otras cosas que le ayuden a decidir por sí mismo.

De lo que sí estoy convencido es de que vamos a seguir sintiendo la ausencia de algo importante si no nos damos espacio para la espiritualidad, aduciendo que no tenemos tiempo. Si solo dedicamos nuestro día a trabajar, alimentarnos y transportarnos y en el tiempo de ocio nos basta con ver la tele, sociabilizar o practicar cualquier *hobbie*, nos va a faltar el alma, aquello que nos pone en contacto con nuestra esencia. De ahí nace el vacío existencial que genera depresiones y nos lleva a consumir pastillas, psicólogos y terapias varias. Todo eso puede ser muy válido, pero son parches a un problema de raíz que hemos obviado durante mucho tiempo.

Como decían algunos utópicos de los años sesenta, hay que reverdecer nuestra conciencia, la revolución no es cambiar el mundo, sino la transformación de nuestra conciencia, dando espacio a la espiritualidad y lo sagrado en nuestra vida cotidiana.

Así podremos ver y vivir la realidad de otra manera, más allá de *maya* o de las sombras que la distorsionan. La realidad es una construcción de nuestra mente. Si dejamos que el corazón y el espíritu intervengan, la vida tomará otro camino.

Si uno le da tiempo a su alma, aunque solo sean unos minutos cada día, verá cómo cambia su vida. La dimensión espiritual, la mirada hacia adentro, aporta otro punto de vista, otra visión y nuevas soluciones y decisiones para el día a día.

Asia y los distintos viajes que allí he realizado dejaron en mí muchas muestras de espiritualidad cotidiana que poco a poco me fueron impregnando. De todas ellas, me quedo con su naturalidad y con cómo parecían aportar un talante especial a la gente, distinto al que yo veía en mi entorno urbanita occidental.

En Asia, la gente entra en un templo, deja unas flores sobre un altar, hace una reverencia, un saludo al sol, una inclinación con la cabeza, reza unos instantes o simplemente guarda silencio, y vuelve a la ajetreada actividad del día. No es mecánico, tampoco impostado, es algo natural.

Lo vi por las calles de Delhi, Bangkok y Tokio, sin necesidad de llegar a lugares sagrados, templos importantes o lugares de peregrinación.

En Asia, la espiritualidad se vive en todos sus rincones. Como apuntaba anteriormente, en muchos lugares pueden convivir distintas formas religiosas, aunque también hay algunos guetos o territorios conflictivos, como Kashmir. Sin embargo, en general me da mucha envidia el sentir asiático de su religión y práctica espiritual.

Recuerdo con emoción mis primeros días en Rishikesh, donde, pese a la capitalidad del yoga, te despertabas con los rezos del Corán que venían desde lo alto de los minaretes, junto con los primeros rayos del amanecer.

Nunca he visto tanta devoción como la de los peregrinos tibetanos circunvalando el Jokhang. No puedo, ni quiero, borrar la imagen de aquellos que andan postrándose en el suelo una y otra vez, con tablillas en manos y rodillas para combatir sus heridas.

En Nepal y Myanmar, he visto grupos de familias sonrientes ascender a las grandes pagodas o estupas que coronan ciudades como Katmandú o Yangon sin importar si era sábado o domingo.

Los japoneses, siempre ordenados, disciplinados y pulcros, cuidan cada día sus jardines zen, bonsáis y espacios naturales con una ceremonia de gestos elegantes y devota sencillez, que deviene un ritual para templar su espíritu.

Toda Asia parece venerar cada día a sus dioses en sus grandes templos, en sus capillas de barrio y en sus altares domésticos. De lo que me doy cuenta es de que, venerando a todos esos dioses y llevando a cabo todos estos pequeños o grandes rituales, a quien verdaderamente están honrando es a ellos mismos o al sentir de que lo sagrado está en todas partes, afuera y dentro de uno mismo.

Asia es una amalgama de formas espirituales, un gran continente que integra y acoge espacios de espiritualidad milenaria. Algunos de ellos son hoy puros vestigios de lo que fueron, sin culto en activo, pero cuando reciben a los visitantes asiáticos, estas ruinas o templos abandonados recuperan su sentido religioso al ser objeto de muestras de profunda devoción.

Me vienen sonidos, mantras y campanillas, en lugares remotos y mágicos como el monasterio de Lamayuru, camino de Leh o Reting y Nechung, entorno a Lhasa, olores a cera, mantequilla de yak e incienso, además de los cuerpos quemados en la mágica Benarés.

La espiritualidad te penetra en Asia por todos los poros y sentidos hasta golpear tu alma. No es preciso visitar templos sagrados o ruinas ancestrales como Angkhor Watt, donde en ocasiones los turistas rompemos la magia con la ametralladora fotográfica.

La espiritualidad está en la calle, en el primer *rickshaw* al que te montas, con ese Ganesha sonriente que te mira desde encima del retrovisor.

En Asia no se comprende la vida sin la espiritualidad, y esto, en mi opinión, hace a los asiáticos personas más avanzadas que nosotros, los ricos urbanitas industrializados del capitalismo triunfador. Probablemente, por esto ya se están convirtiendo en las primeras potencias mundiales. Ellos han sabido integrar lo nuestro y lo de ellos sin renunciar a muchas de sus tradiciones. Tal vez, el modelo chino es el que más me desconcierta en cuanto espiritualidad, por la represión del periodo maoísta y su sentido pragmático comercial, pero me resisto a creer que China haya perdido del todo su contacto con el alma.

Recuperar la dimensión espiritual no es una cuestión de liderazgo, sino una necesidad básica de todo ser humano que Asia me hizo redescubrir. Como decía al principio de este libro, no es tanto una cuestión de ideas, principios, credos o filosofías, sino una práctica, un sentir y una experiencia.

Por eso invito a todo el que quiera a nutrirse de todo lo que Asia nos puede aportar para enriquecer nuestra vida cotidiana.

Debemos mirar a nuestro interior, prolongando nuestra visión hasta entrar en contacto con lo divino.

Somos parte del Uno. No le demos la espalda, siempre dando la razón a la mente.

Escuchad el silencio y llegaréis a vuestra alma.

Om shanti, shanti.

Libros recomendados

Basho, M. *Sendas de Oku.* Atalanta, Girona, 2014.

Campbell, J. *Mitos de la luz.* Editorial Marea, Buenos Aires, 2004.

Confucio. *Lun Yu.* Editorial Kairós, Barcelona, 1997.

Dass, R. *Be, Here, Now.* Lama Found, Nuevo México, 1971.

—. *Aquí todavía.* Editorial Kairós, Barcelona, 2002.

David-Néel. A. *Magos y místicos del Tíbet.* Índigo, Barcelona, 2006.

Daniélou, A. *Dioses y mitos de la India.* Atalanta, Girona, 2009 (1ª ed. 1964).

Dyczkowski, M. *The Doctrine of Vibration.* State Uni Press, Nueva York, 1987.

Eliade, M. *El Yoga.* F.C.E., Ciudad de México, 1991.

Enterría, A. *La India por dentro.* Olañeta, Editor/Indica Books, Palma, 2006.

Evans-Wenz, W. (ed.). *The tibetan book of the great liberation,* Oxford University Press, 1968.

Goleman, D. *Focus.* Editorial Kairós, Barcelona, 2013.

Kerouac, J. *Los vagabundos del Dharma.* Anagrama, Barcelona, 2000.

Krishna, G. *The Secret of Yoga.* Harper & Row, Nueva York, 1972.

Krishnamurti, J. *La libertad primera y última*. Editorial Kairós, Barcelona, 1998.

—. *Meditaciones*. EDAF, Madrid, 2004.

Lewis, N.A. *Un dragón latente*. Altaïr, Barcelona, 2014.

Nhat Hanh, T. *True Love*. Shambala, Boston, 1997.

Nukariya, K. *The Religion of the Samurai*. Luzac & Co, Londres, 1973.

Preciado, I. (ed.). *Vida de Milarep*. Anagrama, Barcelona, 1994.

Rahula, W. *Lo que el Buda enseñó*. Editorial Kier, Buenos Aires, 1996.

Ryookan, *Los 99 haikus*. Ed. Hiperión, Madrid, 2006.

Suzuki, D. *El Zen y la cultura japonesa*. Ed. Paidós, Barcelona, 1996.

Tanizaki, J. *El elogio de la sombra*. Ed. Siruela, Madrid, 1994.

Thittila, A. *Essential Themes of Buddhist Lectures*. Dept. Religious Aff, Rangoon, 1987.

Trungpa, Ch. *El sol del gran Este*. Editorial Kairós, Barcelona, 2002.

—. *The Bodhisattva path of Wisdom & Compassion*. Shambala, Boston, 2014.

Vivekananda, *Meditation and Its Methods*. Advaita Ashrama, Kolkata, 2001.

Watts, A. *The legacy of Asia and Western Man*. J. Murray, Londres, 1937.

—. *¿Qué es el Tao?* Ed. Diana, Ciudad de México, 2003.

—. *El camino del Zen*. Edhasa, Barcelona, 2003.

Wilhelm, R. *The Secret of the Golden Flower*. Harcourt, Nueva York, 1969.

VV.AA. *Zen.* Editorial Kairós, Barcelona, 1999.

—. *Lecturas budistas I, II.* Ed. Paidós, Barcelona, 1998.

Yyengar, B. *La luz del yoga.* Editorial Kairós, Barcelona, 2016.

Zimmer, H. *Yoga y budismo.* Editorial Kairós, Barcelona, 1998.

—. *Mitos y símbolos de la India.* Editorial Siruela, Madrid, 1995.